BAD HOTEL

IM GARTEN AM SEE

200 JAHRE
BAD HOTEL ÜBERLINGEN

SIEGMUND KOPITZKI HRSG.

GMEINER studio

200 JAHRE IN EINEM BUCH

Das Bad Hotel – im Garten am See

EINES
»DER BESTEN
HOTELS
AM WASSER«

1. Platz in der Kategorie »Guest Check«, vergeben durch den Connoisseur Circle

WILLKOMMEN

WELCOME

„Herzlich willkommen im Bad Hotel Überlingen"
Gerne möchten wir Ihren Aufenthalt etwas versüßen und haben unser Angebot in der Mini Bar
für Sie erweitert. Sollten Sie andere Wünsche haben, stehen Ihnen die Kollegen an der Rezeption
unter #122 telefonisch zur Verfügung. Bitte notieren Sie Ihren Verzehr auf dem ausgewiesenen
Beleg, Ihre Mini Bar wird für Sie täglich kontrolliert und neu bestückt. Bei Ihrer Abreise erhalten
Sie Ihre Rechnung an der Rezeption. Weitere Informationen rund um das Bad Hotel erhalten Sie
in unserem Hotelprospekt.

Wünschen Ihnen einen angenehmen Aufenthalt.
Bad Hotel Team

the Bad Hotel Überlingen"
to sweeten your stay a bit and have expanded our offer in the mini bar for you
other requests, you can call our colleagues at reception at #122. Please note your
document shown, your mini bar will be checked and refilled every day. You will
the reception upon departure. You can find more information about the Bad

VORWORT

Die Geschichte des Bad Hotels, der ersten Herberge der »höheren Stände« in Überlingen, ist so wechselvoll wie aufregend. Erbaut von einem hiesigen Gerbermeister, überstand das Haus Kriege und Krisen, politische und gesellschaftliche Umbrüche, wirtschaftliche Tiefgänge und viele Pächter- und Besitzerwechsel.

SIEGMUND KOPITZKI
ÜBERLINGEN IM JANUAR 2025

Das Wunder hat einen Namen: der moderne Tourismus. Die alte Freie Reichsstadt Überlingen hatte sich, neben Weinbau und Kornhandel, der Badekultur verschrieben – ein geschickter Zug, um die Finanzen zu sanieren. Schon 1890 schwatzte das *Badblatt* mit Blick auf diesen begehrenswerten Erdenwinkel vom »Schwäbischen Nizza«. Das Ufer des Bodensees von Ludwigshafen bis Lindau galt als die »Deutsche Riviera«. Slogans, die Sommerfrischler und Vergnügungsreisende anzogen.

»Sonst ist es ganz hübsch«, schrieb beispielsweise Heinrich Mann 1923 etwas gezügelt an seinen Bruder Thomas. Der Autor des Romans *Professor Unrat* weilte zur Erholung im Bad Hotel. Ob er auch kneippte? Das wissen wir nicht. Karl May nächtigte hier ebenso wie Peter Suhrkamp und Jahrzehnte später der Soziologe Theodor W. Adorno. Und nicht zuletzt die in Boston/USA lebende Literaturwissenschaftlerin Susanne Klingenstein, die das Haus am See mit Garten immer wieder zu ihrem Wohnzimmer macht. Nachzulesen sind ihr Bulletin, aber auch ihre Gedanken zur Küche des Hotels in dieser Festschrift.

Wilhelm Schäfer, der sich nach dem Ersten Weltkrieg am See niederließ, widmete dem Hotel 1949 einen versonnenen Prosatext. Künstler wie die Dresdner Impressionisten Gotthardt Kuehl und Ferdinand Dorsch wählten das Haus als Unterschlupf. Ihren frühen Farbspuren geht Michael Brunner nach. Der Kunsthistoriker hat auch den denkmalgeschützten Kursaal nebenan im Auge. Und das Hotel selbst? Es »lebt« in den Gängen und Zimmern große Kunst mit historischen Aufnahmen von Siegfried Lauterwasser. Der Überlinger wurde als Leibfotograf von Herbert von Karajan berühmt. Ulrike Niederhofer berichtet.

Nicht nur Architekten wird die turbulente Baugeschichte des Bad Hotels in der Darstellung von Wolfgang Braungardt interessieren, das mit elektrischem Licht um seine ersten Gäste werben konnte. Die rasante Entwicklung der Stadt Überlingen zum Kurort ist Thema von Walter Liehner. Den Tourismus am See gestern, heute und übermorgen nehmen sich Martin Baur und Jürgen Jankowiak vor, wobei sich inhaltliche Überschneidungen nicht immer vermeiden lassen.

Das Bad Hotel ist eine Institution in Überlingen. Seit 2012 in privater Hand, begrüßt es seine Gäste als Ferien- und Businesshotel. Das Reisemagazin *Connaisseur Circle* hat das Vier-Sterne-Hotel plus mit dem Titel eines »der besten Hotels am Wasser« geehrt. Darauf lässt sich bauen. Die Pläne für eine nachhaltige Erweiterung des Hauses liegen bereit, wie Willi Berchtold und Werner Scheidtweiler berichten. Es geht um die nächsten 200 Jahre …

Das Bad Hotel von Süden mit Parkanlage und Resten
des ehemaligen Kapuzinerklosters, kolorierte Aquatinta, um 1836

VOM MINERALBAD
ZUR BODENSEE-THERME

WALTER
LIEHNER

Überlingen kann auf eine über 500-jährige Badtradition zurückblicken. Zu Beginn des 16. Jahrhunderts verfügte die Reichsstadt über mehrere öffentliche Bäder, wovon eines, das »Bad zu Fischerhäusern«, wegen seiner heilsamen Wirkung überregionale Bedeutung erlangte und in keinem Bäderverzeichnis fehlen durfte. Auch heute noch sticht dem Fremden das Bad Hotel am westlichen Eingang der Stadt als herausragender stattlicher Bau ins Auge.

Die Anfänge des Überlinger Mineralbades liegen im Dunkeln. Während manche Geschichtsforscher die Ursprünge bis in die römische Zeit zurückdatieren, wird im neueren Schrifttum das Jahr 1474 als erster urkundlicher Nachweis genannt. Laut Johann Kutzle, einem Überlinger Chronisten aus dem beginnenden 18. Jahrhundert, trug sich Folgendes zu: »Anno 1474 da brache einem Mann von Überlingen, hieße der Schindelin, in dem Saurbrunnenbad ein Katz zum Ars heraus.« Auch wenn sich die Geschichte so nicht zugetragen haben kann, so dürfte doch die Quelle Mitte des 15. Jahrhunderts entdeckt worden sein, da um diese Zeit die bisher noch unbefestigte Fischerhäuser-Vorstadt in das Festungswerk mit einbezogen wurde und die Quelle unterhalb des 1502/03 erbauten Gallerturms im Graben unmittelbar an der Stadtmauer entspringt.

Den ersten gesicherten Nachweis verdanken wir Lorenz Fries in seinem 1519 erschienenen *Tractat der*

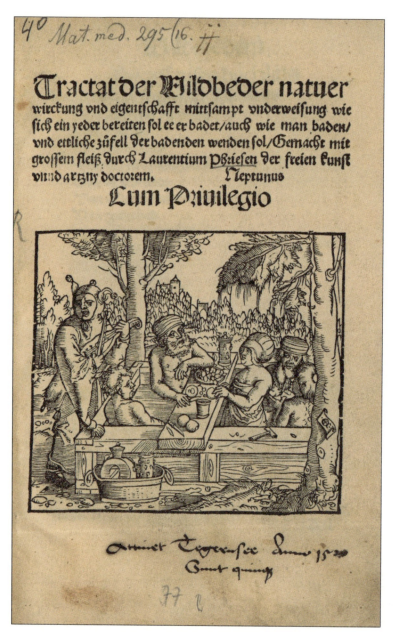

4° Mat. med. 295 (16. ǰ

Tractat der Wildbeder natuer
wirckung vnd eigentschafft mittsampt vnderweisung wie
sich ein yeder bereiten sol ee er badet/auch wie man baden/
vnd ettliche zůfell der badenden wenden sol/Gemacht mit
grossem fleiß durch Laurentium Phriesen der freien kunst
vnnd artzny doctorem.   Neptunus
Cum Priuilegio

Titelblatt mit Badeszene von Lorenz Fries, Tractat der Wildbeder natuer wirckung
vnd eigenschafft ..., Straßburg, Grieninger, 1519

Wildbeder natuer wirckung vnd eigentschafft mittsampt vnderweisung wie sich ein jeder bereiten sol ee er badet, auch wie man baden, vnd ettliche zufell der badenden wenden sol. Fries rechnete Überlingen zwar nicht zu den Wildbädern, schrieb aber der Quelle außerordentliche Heilkraft bei Blasen- und Nierenleiden zu und empfahl Sitz- und Trinkkuren. »Von dem wasser in der vorstat zu Uberlingen. In der vorstat zu Uberlingen fischerhüsern genant, ist ein brun welicher nit weniger tugend ist wie wol er nitt also vil geschreys hat, als leg er in der wilde. Sein vermischung ist bley, kupffer, und ein clein teil schwebel, wiewol eins mal einer sagt es hielt gold. In disem wasser baden die inwoner ergetzlichkeit halb. Doch hat es hilf in im zu reinigen die nieren unn blasen von sandt unn anderer unreinikeit darin erwachsen.«

1525 veräußerte die Stadt das »Badhaus zum Vischenheusern« samt Zubehör an Zubern, Kesseln, Brunnen, Wasser, Wasserleitungen und anderem Badgeschirr, desgleichen das Vorderhaus an Dach, Gemach und allen anderen Einbauten. Das Bad lag damals schon am heutigen Standort des Bad Hotels unmittelbar an der Stadtmauer, weshalb der Bader den oberen und unteren Gang auf die Mauern, Türme und Wehren bei Tag und Nacht freihalten musste. Die Stadt behielt sich auch das Vorkaufsrecht vor, von dem sie 1553 Gebrauch machte, als sie für eine geplante Erweiterung ein weiteres Haus hinzukaufte. Zum Abschluss des Baus sollten »die Herren Doctores also vier alhie das Wasser in dem newen Bad zu Vischenheuser mit Vleiß probieren und alßdann ainem erbaren Rathe wider Bericht thun.«

Titelblatt mit Kurbrunnen im Badgarten um 1840 von Johann Nepomuk Bommer, Bad Ueberlingen und seine Umgebung, Überlingen, Bommer, um 1840

Die Analysen waren wohl sehr vielversprechend ausgefallen, denn innerhalb nur weniger Jahre erschienen gleich drei gedruckte Beschreibungen des Überlinger Bads. 1560 nahm Georg Pictorius das »bad in der vorstatt Vberlingen« in sein *Baderbüchlin. Gantz kurther bericht von allerhand einfachten, und 38. componierten mineralischen teütsches lands wild bädern (...)«* auf. Dazu verwendete er den Text von Lorenz Fries als Vorlage und gab die Empfehlung ab, das Wasser »sey beholffen zu stercken dem bösen magen, schwache glid, und sey nutz die nieren zu seuberen unnd blasen vom grieß und allem unrath.« 1565 bescheinigte der Tübinger Professor Leonhard Fuchs in seiner Schrift *Institutiones medicinae* dem seiner Meinung nach blei-, erz- und schwefelhaltigen Wasser heilende Wirkung. Der Überlinger Bürgermeister und Chronist Jakob Reutlinger übersetzte den lateinischen Text mit: »den Magen und ermüdete Glider strecket es, numbt auch hin und vertreibt die Mängel und Kranckheiten der Ruvenen und Plattenen sambt dem Gryeß.« Auch der gebürtige Überlinger und spätere Stadtarzt von Straßburg Gallus Etschenreuter fand 1571 in seiner Beschreibung *Aller heilsamen Bäder vnd Brunnen Natur, krafft, tugendt, vnd würckung, so in Teutschlanden bekandt vnd erfahren* nur lobende Worte für das Bad seiner Heimatstadt.

Das Überlinger Mineralwasser erreichte dadurch hohen Bekanntheitsgrad und brachte viele Fremde in die Stadt. So verwundert es nicht, dass der Rat schon bald das Bad von Grund auf neu erbauen und erweitern ließ. 1580 wurde Richtfest gehalten und einer jeden Person, die geholfen hatte, 1½ Maß Wein und zwei Brote in der Bäckerzunft gereicht. Es gab aber auch Widerstände in der Bevölkerung, musste doch, da nicht genügend Bruchsteine vorhanden waren, das »fein alt Gewelb und Wehren oder Bolwerck ob dem Grundthor« abgebrochen und zum Bau des Bades verwendet werden. Zu dem erweiterten Bad gehörten nun ein »Wasser und ein Schweiß oder Stein Bad«, die u.a. mit 50 Badezubern, drei Heizkesseln und einem »Stein

Ofen« in vier verschiedenen Räumen ausgestattet
waren. Das Mineralwasser wurde durch hölzerne Wasserleitungen, so genannte Deicheln, vom Quellturm,
einem eigens zum Schutz der Mineralquelle erbauten
Rundturm, in das Bad zu einem Schöpfbrunnen und
von dort in Bleiröhren zu den einzelnen Badestuben
geleitet. 1597 hatte das Bad für Überlingen so an Bedeutung gewonnen, dass es in Johann Georg Schinbains in
lateinischer Sprache abgefassten *Beschreibung der
Reichsstadt Überlingen* Erwähnung fand. Vollends bekannt machte das Bad die von Dr. Johann Heinrich von
Pflummern verfasste Stadtbeschreibung in Matthäus
Merians *Topographia Sveviae* von 1643.

Noch zweimal wird in reichsstädtischer Zeit von
größeren Umbauten oder Reparaturen berichtet. Zum
einen 1617/18, wobei auch der Dachstuhl zu Kornlau-
ben hergerichtet wurde, das Badehaus damit also auch
für den für die Stadt so lebenswichtigen Getreidemarkt
in der Gred genutzt wurde, zum anderen 1669, als
sich Überlingen von den schlimmsten Zerstörungen
des Dreißigjährigen Kriegs erholt hatte und wieder
Geld für notwendige Instandsetzungen zur Verfügung
stand.

Die Badeanstalt verpachtete die Stadt gegen ein
geringes Entgelt an private Bader, deren Tätigkeiten
und Einnahmen durch so genannte Baderordnungen
genau geregelt waren. Nach einer um 1560 entstande-
nen Ordnung legte man großen Wert auf Hygiene.
Badekleidung und Räumlichkeiten sollten stets sauber
sein. Insbesondere das Schröpfen durfte nur nach Geschlechtern getrennt und an vorher bestimmten, stets

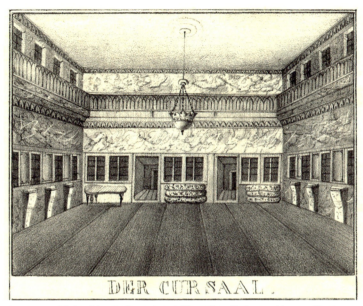

Der Kursaal (oben) im Bad Hotel und die Badquelle (unten) im Quellturm
um 1840 von Johann Nepomuk Bommer, Bad Ueberlingen und seine
Umgebung, Überlingen, Bommer, um 1840

Pavillon und Trinkhalle im Badgarten um 1860.
Jean Lois Francois Jacottet nach einer Zeichnung von Egidius Federle.

von Blut zu reinigenden Plätzen erfolgen. Die Bäder
sollten morgens um sieben Uhr geheizt und im Winter
bis sechs, im Sommer bis acht Uhr abends geöffnet
sein. Für das Baden selbst wurden je nach Geschlecht
und Alter unterschiedliche Taxen erhoben. So durfte
ein Bader von einem Mann, »der badet, ime zwacken,
scheren, Har abschneiden, schrepfen und sich reyben
lasst« vier Pfennig nehmen. Eine Frau bezahlte, »so sie
zwackt, badet und schrepft«, drei Pfennig und für jedes
mitgebrachte Kind einen Pfennig. So gestalteten sich
die Preise für den einmaligen Besuch. Wer, wie in
Überlingen üblich, eine Badekur machte, musste
wöchentlich für Kost und Logis und für jedes verabreichte Bad einzeln abrechnen. Nach einer Ratsord-

nung von 1510 dauerte eine Badekur 14 Tage, während denen man »von Geschäfften unbeladen sin und rüwig blybenn« sollte.

Eine erste ausführliche Beschreibung des Bades veröffentlichte der Überlinger Arzt Dr. Ludwig Leopold Helmling unter dem Titel *Kurtzer Begriff vnd Beschreibung deß heylsamen Schwebel-Bads in Löbl. deß Heyl. Röm. Reichs-Statt Uberlingen*. In seiner 1691 in Überlingen gedruckten Schrift berichtete er über Ursprung, mineralische Zusammensetzung sowie Wirkung des Wassers und stellte Regeln für eine Badekur auf. Auch im 18. Jahrhundert beschrieben Stadtärzte die Mineralquelle für fremde Besucher und hoben deren Vorzüge heraus, so Dr. Josef Carl Glathaar 1726 und Dr. Flacho 1760. Die eigentliche Blütezeit des Bades war allerdings vorbei. Andere, auch heute noch bekannte Bäder liefen Überlingen den Rang ab. Seitens der Stadt wurde nur noch wenig investiert, sodass es mehr und mehr verfiel und die ohnehin geringe Pacht die sich häufenden Reparaturkosten bei weitem nicht mehr deckte. Zum Ende des 18. Jahrhunderts waren die Gebäulichkeiten so abgewirtschaftet, dass letztlich nur noch ein Verkauf übrig blieb.

1802 war es dann soweit. Die Stadt verkaufte das seit Jahrhunderten in ihrem Besitz befindliche Badhaus an Ignaz Amann für 5.000 Gulden. Doch großes Glück war Amann damit nicht beschieden. Die widrigen wirtschaftlichen Umstände nach Säkularisation und Mediatisierung sowie den napoleonischen Kriegen führten Amann an den Rand des Ruins. Zwar brachte die 1805 erschienene *Nachricht von dem*

Gesundbrunnen und Bad zu Uiberlingen von Johann Nepomuk Sauter kurzzeitig etwas Zulauf, doch der permanente Geldmangel ließ das Bad mehr und mehr verkommen. 1808 ersteigerte Amann deshalb das nahe gelegene ehemalige Kapuzinerkloster, verlegte ein Jahr später die Badeanstalt dorthin und verkaufte das alte Badhaus an den Gerber Joseph Anton Ackermann. Da er aber nur einen Teil der Kaufsumme aufbringen konnte, versuchte er durch Teilabbruch der Klosteranlage und Verkauf der Materialien an Geld zu kommen. Die landesherrliche Gefällverwaltung musste einschreiten, und als Restkaufbetrag und Zinsen sich anhäuften, wurden 1813 gar zwei Ausschreibungen zur Versteigerung der Gebäude unternommen, ohne Erfolg. Letztlich kaufte die Stadt 1818 das Bad zurück, sah sich aber außerstande, etwas zu dessen Besserung zu unternehmen.

1824 versuchte Joseph Anton Ackermann sein Glück. Zunächst als Pächter, dann aber – durch mehrere Heilungen ermutigt – erwarb er ein Jahr später die Badeanstalt unter der Bedingung, dass er sie aus dem ehemaligen Kapuzinerkloster heraus wieder in das von ihm schon vor Jahren gekaufte alte Badehaus zurückverlegen durfte. Nun begannen glücklichere Zeiten für die alte Badeanstalt. Ackermann investierte einige tausend Gulden in die Neueinrichtung und wurde mit einem rasch wachsenden Besucherstrom belohnt. Der Chronist des Überlinger Baubuchs berichtet: »Noch nie, selbst von den ältesten Zeiten her ist unser Bad mit so vielen und vornehmen Gästen besucht worden.« Und als einen der Gründe dafür führt er an: »Was die

Visiten der Badgäste vorzüglich von Constanz und der Schweitz noch mehr vermehrte, war die früher nie gewesene Bequemlichkeit des Dampfschiffes, wo … der Besucher mit aller Gemächlichkeit um 11 Uhr hier landete und abends 5 Uhr wieder eben so sicher abfahren, und am hellen Tage noch, wieder wohlbehalten zu Hause seyn konnte.«

Noch im Jahr 1825 kaufte Ackermann mehrere benachbarte Häuser und legte den Grundstein für einen repräsentativen Neubau, der sich an das alte Bad anfügte. Herzstück des neuen Bads war der zweigeschossige, von drei Seiten mit Fenstern erhellte Kur- und Tanzsaal mit Balustrade für Gäste und einer Kapelle. Die Gärten des Bads, der neu hinzugekauften Häuser und Teile des Kapuzinerklosterareals vereinigte er und ließ einen Abschnitt der Stadtmauer abbrechen, sodass sich die neu geschaffene Parkanlage zum See hin öffnete. Doch leider verstarb Joseph Ackermann 1828, noch bevor alles vollendet war. Dem Aufschwung folgte ein neuer Verfall, der nach dem Tod der Witwe in der Zwangsversteigerung 1833 endete. Auch der Schwiegersohn der Ackermanns konnte das Haus nicht halten und musste mit Verlust 1835 an die Stadt veräußern. Diese möblierte es neu und gab es pachtweise weiter.

Mit Heinrich v. Kiesow und Eduard Schuster traten 1836 erstmals Käufer auf, die finanzkräftig genug waren, das Bad auf Dauer zu erhalten und den steigenden Ansprüchen der Badgäste zu genügen. So bauten sie, nach Dr. Sauers *Beschreibung der Mineralquelle zu Ueberlingen*, »bequeme Vorrichtungen für kaltes und warmes Wasser zur Selbstregulierung für jeden Kurgast« ein und installierten »Dampf- Sturz- und Tropfbäder«. Das Wirtschaftsgebäude »Zum Schwanen« vergrößerten und verschönerten sie und glichen die Fassaden der beiden Häuser einander so an, dass eine einheitliche Außenfront entstand. Das uns heute so vertraute Erscheinungsbild des Bad Hotels nahm Gestalt an. Den am See stehenden so genannten Kuderturm kauften sie hinzu und richteten darin Gästezimmer ein. Der neu gestaltete Garten lud zum Flanieren ein.

Nun begannen jene goldenen Jahre, von denen Überlingen heute noch als Kurstadt zehrt. Zu den zahlreichen Kurgästen gehörten bekannte Persönlichkeiten wie Freiherr Josef v. Lassberg oder Ludwig Uhland. Gustav Schwab schilderte das Überlinger Bad als »Zierde der Stadt« und lobte nicht nur dessen Heilkraft, sondern auch die Kureinrichtungen. Der plötzliche Tod von Eduard Schuster 1847 drohte das begonnene Werk erneut zunichte zu machen.

Drei Jahre lang ruhte der Betrieb, bis endlich, nach zwei vergeblichen Ausschreibungen, die Stadt das Bad 1851 kaufte und es von Pächtern betreiben ließ. Gleich zu Saisonbeginn kam der Großherzog zu Besuch und brachte so der Stadt seine Wertschätzung zum Ausdruck. Im gleichen Jahr erhielt Überlingen jetzt auch eine auf Pfählen in den See hinaus gebaute Seebadeanstalt. In insgesamt 12 Kabinen konnten die Gäste, damals noch streng nach Geschlechtern getrennt, im See schwimmen, wovon man sich eine nachhaltige Wirkung der Kur versprach.

Ansicht des Bad Hotels von Süden. Postkarte von 1909.

Schon früh hatte man in Überlingen die Chancen, die sich durch den aufkeimenden Fremdenverkehr boten, erkannt. Große Sorgfalt verwendete deshalb die Verwaltung darauf, die landschaftlich schöne Lage vermehrt als Einnahmequelle zu nutzen und den Fremden den Aufenthalt angenehm zu gestalten. In den 1850er- und 1860er-Jahren wurden die Häuser verputzt und Verschönerungen an öffentlichen Wegen, Promenaden und Straßen vorgenommen. Den Spital (sic!) verlegte man in das ehemalige Franziskanerkloster, ließ die alten Gebäude am See abbrechen und gewann so den Landungsplatz als ansprechendes Entree der Stadt. Die Stadtbefestigungen zum See hin mussten einer 1862 – 1869 aufgeschütteten Seepromenade weichen. Der Badgarten erhielt sein heutiges Aussehen, indem Gärten hinzugekauft und störende Bauten wie das städtische Kalk- und Waschhaus sowie Reste des ehemaligen Kapuzinerklosters abgebrochen wurden. Lediglich die Kirche blieb stehen und diente fortan als Herberge für weniger betuchte Gäste, als Stall und Wagenremise. Ein Landungssteg mit Pavillon im See rundete die Parkanlage ab.

All diese Bauten und Verschönerungen waren möglich geworden durch die in den 1830er-Jahren erlassenen Gesetze zur Ablösung des Zehntens und der Lehenallodifikation, d. h. der Umwandlung von Lehengut in Eigentum durch Zahlung einer Ablösesumme. So flossen der Stadt und dem Spital große Geldmengen zu, die es der Stadt erlaubten, innerhalb weniger Jahre 70.000 Gulden Schulden abzubezahlen. Insbesondere der Spital konnte Kapital in großen Summen anlegen, Liegenschaftseigentum erwerben und alljährlich beträchtliche Überschüsse zur Verfügung stellen, die mit großherzoglicher Genehmigung zu »gemeinnützigen, die Hebung und Förderung des Wohlstandes der Stadt und der Einwohner bezweckenden Unternehmungen« verwendet werden durften.

Die Bemühungen zeigten Früchte, sodass Dr. Kaltschmid in seiner Publikation *Ueberlingen seit dem Anfall an das Haus Baden* voll Stolz weiter berichten konnte: »Durchschnittlich in jedem Sommer bringen die Dampfboote über 4000 Fremde in unsere Stadt, von denen die Badanstalt allein 2000 Personen zu bewirthen hat.« Die Gäste kamen nach seinen Angaben aus »Deutschland, vorzugsweise aus Baden, Württemberg, Bayern, und Hessen, Oesterreich, Frankreich, England, Italien und der Schweiz, auch aus Russland, sogar aus den transatlantischen Staaten, von Nord-

und Südamerika.« Die Überlinger Zeitung *Der Seebote* veröffentlichte regelmäßig Listen der Kurgäste, aus denen sich 1868 das *Überlinger Badblatt* als Sonderbeilage entwickelte. Die Stadtmusik veranstaltete Kur- und Promenadenkonzerte. Zur weiteren Hebung des Fremdenverkehrs ließ Bürgermeister Wilhelm Beck 1875 aus den Reb- und Gemüsegärten des Spitals einen Stadtgarten anlegen, der mit seiner Vielfalt an exotischen Pflanzen auch heute noch seinesgleichen sucht.

Jahrzehntelang hatten die Stadtväter darum gekämpft, 1895 war es endlich so weit: Überlingen wurde an das Schienennetz angeschlossen. Mit der Einweihung des letzten Teilstücks der Bodenseegürtelbahn in Richtung Friedrichshafen 1901 wurde die Stadt noch weiter für den Tourismus erschlossen, allerdings um den Preis, dass beim Bau des Tunnels 1899 die Schüttung der Mineralquelle plötzlich deutlich nachließ. Eine neue Quellfassung reichte aus, das 1905 errichtete Warmbad bzw. die neue Kurbadeanstalt zu versorgen. In Auftrag gegebene Analysen blieben jedoch hinter den bisherigen Erwartungen zurück. Die chemische Zusammensetzung des Wassers hatte sich zu sehr verändert. Überlingen wurde zwar immer noch als Fremdenverkehrsort mit eigener Heilquelle in den Bäderverzeichnissen geführt, in der Fremdenverkehrswerbung spielte die Quelle aber nur noch eine untergeordnete Rolle.

Der Glaube an die Heilkraft der Quelle ist dennoch bis heute, zumindest in Teilen der Überlinger Bevölkerung, ungebrochen. Dazu trägt das noch immer munter vor sich hin plätschernde »Badbrünnele«, am Eingang des Stadtgartens bei. Vielen sind auch noch die mit dem Stadtwappen geschmückten Überlinger Mineralwasserflaschen in guter Erinnerung. Wilhelm Beck hatte 1902 im Torkelgebäude des Spitals in der Steinhausgasse mit der Abfüllung des Mineralwassers begonnen. 1927 erhielt Josef Dieth das alleinige Verwertungs- und Abfüllrecht und baute eine eigene Wasserleitung vom Quellturm bis zu seinem Haus in der Adlergasse. Bis zum Zweiten Weltkrieg und von 1948 bis 1974 vertrieb er das Quellwasser als Tafelwasser mit Kohlensäurezusatz in Überlingen und Umgebung.

So war die Badquelle im Laufe des 20. Jahrhunderts mehr und mehr in den Hintergrund gerückt. Damit bot sich dem aufkommenden Kneipp-Gedanken um so größerer Raum. Bereits 1892 hatte der Badwirt Hermann Würth in unmittelbarer Nähe des Bad Hotels eine Kneippheilbadeanstalt erbaut. Als ersten Kneipparzt konnte er Dr. Adalbert Kupferschmid gewinnen und warb mit in Bad Wörishofen geschultem Badepersonal. Nach dem Zweiten Weltkrieg beschloss die Stadtverwaltung, alle Voraussetzungen für Kneippkuren zu schaffen. Die Bemühungen wurden belohnt und Überlingen 1955 als siebtes Kneippheilbad der Bundesrepublik durch den Deutschen Bäderverband anerkannt.

Mit der Eröffnung der Bodensee-Therme durch Ministerpräsident Erwin Teufel am 30. Oktober 2003 ist ein neues Kapitel in der Überlinger Badgeschichte aufgeschlagen. Mutige Entscheidungen wurden dem Überlinger Gemeinderat abverlangt, eine solch zukunftsweisende Investition in wirtschaftlich schwieri-

gen Zeiten zu tätigen. Doch es hat sich gelohnt. Seit
Mai 2001 sprudelt aus etwa 1000 Metern Tiefe ein Ther-
malwasser, das als »natürliches Heilwasser« gilt und
die Therme mit 36,2 Grad Celsius warmem Wasser
speist. So ist die Bodensee-Therme, um mit den Worten
von Erwin Teufel zu schließen, »Badekultur auf höchs-
tem Niveau und neuestem Stand« und damit ein »tou-
ristischer Glanzpunkt in der Region«.

Bodensee-Therme Überlingen heute

Stich nach Fertigstellung des Bad Hotels 1836. Links Dammturm/Badturm, daneben der Mayersche Garten auf dem Damm, Trinkhalle, Bad Hotel, davor Bad-Garten am See, rechts Reste des Kapuzinerklosters.

DIE VISION DES J. A. ACKERMANN

WOLFGANG
BRAUNGARDT

Die Stadtentwicklung Überlingens richtete sich im 19. Jahrhundert neu am Leitbild der Kurstadt aus, der Fremdenverkehr wurde als Einnahmequelle entdeckt, man lockte mit Mineralquelle, Badeanstalt, Bad Hotel, mit Bad- und Kurgarten, mit Kur-Allee, Kurviertel und natürlich der idyllischen Lage am Bodensee. Reisten anfangs die Gäste noch zu Fuß, mit der Kutsche, dem Ruderboot an, so führte das Dampfschiff ab Ende der 1820er-Jahre zu beachtlichen Besucherzahlen. Und die Namen der prominenten Angelockten wurden fast andächtig vermerkt – Königin von Württemberg, Markgraf von Baden, Freiherr Josef von Laßberg (Heiligenberg), Annette von Droste-Hülshoff, Ludwig Uhland, Gustav Schwab und hundert andere. Doch die Initiatoren des Überlinger Kurbad-Phänomens, die Eigentümer, Unternehmer, ihre Architekten und Poliere: Amman, Ackermann, Müller, Bauer, von Kiesow, Schuster ..., blieben im Hintergrund.

KURBÄDER ALS WALLFAHRTSORTE
DER BÜRGERLICHEN GESELLSCHAFT

2021 wurden elf europäische Kurstädte, darunter natürlich Baden-Baden, als UNESCO Welterbe geadelt, und damit auch dem Bäderwesen eine beachtliche Referenz erwiesen. Die Veröffentlichungen des Initiators ICOMOS sind eine Fundgrube sondersgleichen – so erfahren wir auch, dass es im 17. Jahrhundert in Europa über 1.500 Kurorte mit Wasseranwendungen gab. An vielen Orten hatte zwar, vielleicht auch den Notzeiten des frühen 18. Jahrhunderts geschuldet, die Attraktivität der Bäder abgenommen, waren zu sogenannten »Armen- und Bauernbädern« deklassiert, doch ab Ende des Jahrhunderts entstand wieder eine verstärkte Wertschätzung, die zu einem wahren Boom im 19. Jahrhundert führte. Für den Überblick sorgten die zahlreichen Bäderverzeichnisse. So listet ein 1883 in Leipzig erschienenes »Bäder-Lexikon für Ärzte und Kurbedürftige« »alle 638 bekannten Bäder, Heilquellen (...) Europas und des nördlichen Afrikas« auf, darunter natürlich auch »Überlingen, Großherzogtum Baden« mit: »Die Badeeinrichtungen sind gut. Wohnungen in der Anstalt zu civilen Preisen.«

Dieser Boom hatte mehrere Ursachen. Eine davon war sicher die zunehmend wissenschaftliche Erforschung von Wasserinhaltsstoffen und ihrer heilsamen Wirkungen, die Balneologie. Ausgehend von Paracelsus im 16. Jahrhundert für die Heilquelle in Pfäfers (Bad Ragaz) über François Blondel für die Quelle in Aachen waren die Berichte möglichst prominenter Doktoren unverzichtbare Werbeschriften für die Bekanntheit der Kuranstalten. In Überlingen übernahm diese Aufgabe Johann Nepomuk Sauter aus Allensbach/Konstanz 1805 mit einem ersten, 1826 mit einem zweiten Buch, inzwischen promoviert und »Großherzoglich Badischer Medicinal-Rath«. Und 1836 mit seiner abschließenden »Beschreibung der Mineral-Quelle zu Ueberlingen am Bodensee – ihrer großen heilkräftigen Wirkungen, und der neuen großartig vorgenommenen Erweiterungen und zweckmäßigen Einrichtungen der ganzen Anstalt« – dann schon als Ehren-Mitglied mehrerer medizinischer Vereinigungen und Gesellschaften. Jedes dieser Bücher führt eingangs die aktuellen wissenschaftlichen Wasseranalysen auf, berichtet dann von dem hohen Erholungswert von Anstalt und Umgebung und schließt mit ausführlichsten »Heilungsgeschichten«, alle durchgehend anonymisiert, außer der eigenen, glücklich verlaufenen, die er vertrauensvoll im dritten Buch preisgibt. Sauters Expertise war in Überlingen hochgeschätzt, sodass er wesentlich zur Weiterentwicklung der Badeanstalt vor allem ab den 1830er-Jahren beitragen konnte.

ÜBERLINGENS »FISCHERHÄUSER VORSTADT«

Das Badewesen der alten Reichsstadt Überlingen war in der weiteren Region lange schon bekannt, fachkundige Beschreibungen von Symptomen und Therapien lobten es seit dem 15. Jahrhundert. Von mehreren Quellen in der Stadt war die im sogenannten »Äußeren Bad« die beste, heilkräftigste, zudem die einzige, die Anfang des 19. Jahrhundert noch in Betrieb war. Um sie herum hatte sich früh schon das notwendige Equipment entwickelt – aus »Quellturm« genannter Quellfassung, direkt in die westliche Stadtmauer integriert, dann dem »Alten Badhaus« von ca. 1580 mit Wannen, Zubern, Öfen, einschließlich dem Gasthof »Schwanen« mit sogenannter »Taferngerechtigkeit«, also Trink- und Speisesaal, den Gästezimmern, einem dazugehörigen Garten, fachkundiger ärztlicher Betreuung, und natürlich der essenziellen Wassertechnik bestehend aus hölzernen Wasserleitungen, den Deicheln, die das wertvolle Nass zum Patienten leitete. Doch dieses Ensemble stand nicht frei auf der Wiese, sondern war allseits bedrängt von Stadtmauer, Geschützwall, innerem Grundtor, den Gerberhäusern gegenüber und daneben. Auch war das Viertel nicht unbedingt vorzeigbar – »Fischerhäuser Vorstadt« – das reichsstädtische Gewerbegebiet, Frachthafen, überwiegend Gerbereien, Färbereien, dann, wie der Name schon sagt, Fischer, deren Fänge es zwar in der Fastenzeit auf die Tische des Stadt-Bürgertums schafften, sonst übers Jahr die Armen ernährten. Das benachbarte Kapuzinerkloster sollte die Moral der Männer, das Franziskanerinnenkoster der Heiligen Friediburga die der Frauen heben. Oben am Fuß der steil ansteigenden Felswand lag das historische Blatternhaus (Krankenhaus), daneben der Zugang zum Blatterngraben, wo die unheilbar ansteckend Kranken in ihren letzten Tagen Quartier, Fürsorge und Trost erhielten. Die »Ehrbarkeit«, Kaufleute, Handwerker, Patrizier dagegen hatten in der inneren Stadt ihre »bessere Adresse«, jenseits der inneren Stadtmauer, und nicht hier, wo es gewaltig stank, von frühmorgens bis spätabends umtriebig laut war, wo sich die Bettler herumtrieben, und die mehr oder weniger gebrechlichen Auswärtigen Linderung und Entspannung suchten.

AMMANS TRIAL AND ERROR

Konnte man 1799 in der Stadt den Kanonendonner der Schlachten von Ostrach und Stockach hören? Wahrscheinlich nicht – dagegen waren mit dem Reichsdeputationshauptschluss vier Jahre später die Auswirkungen der Napoleonischen Kriege ganz deutlich wahrnehmbar – die ehemalig freie Reichsstadt wurde zur badischen Provinzstadt degradiert, die Stadtkasse war leer, die Stadt pleite. Dass sich dann mit Ignatz Amman (unklar ist, warum ihn der Überlinger Dekan Dr. Johann Nepomuk Müller in seinem 1860 erschienenen Stadtführer mit einem »Bildhauer Joseph Amman von Regensburg« identifiziert) 1802/03 ein Käufer für den, wie Archive berichten »heruntergekommenen« kommunalen Bäderbetrieb fand, verhinderte möglicherweise das Ende der hiesigen Heilwassernutzung überhaupt (2, *siehe Legende Lageplan*). Dem Bericht des Dr. Sauter zufolge blieb jedoch die Kundschaft aus, der Laden dümpelte vor sich hin. Da ergab es sich, dass in der direkten Nachbarschaft das durch die Säkularisation leerstehende, 1655 erbaute Kapuzinerkloster zum Verkauf stand (3) – Amman griff 1808 zu, sanierte, baute mit großem Elan um und verlegte das Bad 1809 samt »Baad- und Tafernwirtschaft zum Schwanen« in die neuen Räumlichkeiten: »Im unteren Stock ein Speisesaal am Garten gelegen, daran eine Küche mit Speisekammer, Wasch- und Backküche, Wohnzimmer für eine Familie, drei Gemächer, Stall für vier Kühe, Weinkeller, Gemüsekeller, (…) Brunnen, in den das Badewasser geleitet wird; im oberen Stock Tanzsaal, 25 Badezimmer, zwei heizbare Badezimmer (…) ein um das Gebäude liegender Kräuter- und Baumgarten, nebst einem Blumengarten« (Stadtkataster Seite 257). Doch obwohl Amman sein dann nutzlos gewordenes »Altes Badhaus« 1809 an den Gerber Ackermann verkaufen konnte (2), hatte er sich dermaßen verschuldet, dass er anfing, Baumaterial aus seinem Kloster auf Abriss zu verkaufen. Er wurde zum Konkurs gedrängt. Nachdem sich kein Käufer fand, übernahm zuletzt 1818 die Stadt die Liegenschaft für einen Spottpreis. Eine bedauerliche Episode auch deshalb, weil es einige vorzeigbare Referenzen für seine Umnutzung eines Klosters zum Heilbad gab – wie das Benediktinerkloster in Pfäfers (Paracelsus), oder das der Kapuziner in Baden-Baden – das 1807 bis 1809 zum »ersten Palasthotel Deutschlands«, dem Badischen Hof umgebaut und erweitert wurde. Architekt dort war der berühmte Friedrich Weinbrenner (1766 – 1826) aus Karlsruhe, Bauherr der – im Gegensatz zu Amman – steinreiche Verleger Friedrich Cotta, Stuttgart. Kannte Amman diese Referenzen? Hatten ihm Kurgäste davon berichtet, vielleicht sogar Cotta, der ja hier am Bodensee kein Fremder war – und später, 1824 zusammen mit dem Württembergischen Königshaus und anderen die Friedrichshafener Dampfbootgesellschaft betrieb?

DIE VISION DES ACKERMANN

1803 hatte der Gerbermeister Joseph Anton Ackermann gegenüber dem »Alten Badhaus« die beiden Häuser der »alten Gerberei« vom Rotgerber David Baur samt Inventar gekauft (1). Ackermann war frisch verheiratet. Seine fünf Kinder wurden in Überlingen geboren. Er kam aus dem benachbarten Markdorf, möglicherweise war er Angehöriger der dortigen Bürgermeister-Familie und vermutlich finanziell solide ausgestattet. Was ihn aber 1809 dazu trieb, das leerstehende »Alte Badhaus« dem Amman abzukaufen, ist

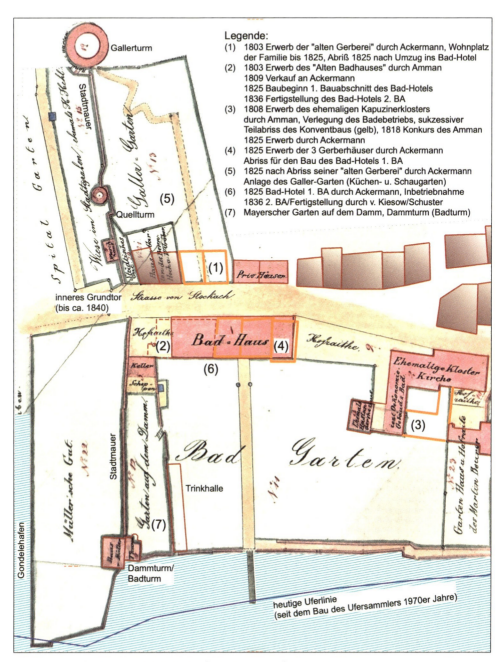

Lageplan, annähernd genordet. Plangrundlage Geometer Ehrenmann 1853.

rätselhaft. Natürlich hat die Nachbarschaft mitbekommen, wie das Amman-Projekt an Zuspruch verlor, und wahrscheinlich wusste jeder, was man hätte besser machen können. Doch nach dem endgültigen Scheitern des Amman 1818 war Ackermann derjenige, der einen konkreten Plan B hatte, seine Vision einer Kurstadt Überlingen am Bodensee:

› im Zentrum das Bad Hotel (6): »mit Gastwirthschaft zum Schwanen (...) ein stattliches, 3 Stock hohes Gebäude, aufs Beste eingerichtet und mit allen Bequemlichkeiten versehen, das zu ebener Erde einen (2-geschossigen) Conversations- und Ball-Saal mit Gallerien, zwei Wirthszimmer, das Comptoir des Badwirths, 16 gut eingerichtete Badlokale nebst Küche und im 2. und 3. Stocke 70 gut möblirte Wohnzimmer, theilweise Salons und unter dem Dache noch geräumige Lauben und Dienstbotenkammern enthält. Die Zahl der Kreuzstöcke (Fensterachsen) selbst, gegen die Landstraße ist (...) 16. Das ganze Gebäude steht ringsum frei. Die Vorderseite (Façade) ist 154 Fuß lang, die Tiefe 50 Fuß.«

› der Kurgarten: »ein Garten, welcher es von drei Seiten begrenzt, ist 3 Morgen groß, zieht gegen den See hin, und hat herrliche Anlagen und Bosquets oder Ziersträuche; dabei befindet sich eine Trinkhalle und ein Thurm mit 3 prachtvollen Wohnzimmern, die eine Aussicht bis in die fernsten Alpen darbieten.«

› anstelle seines 1803 gekauften Gerberhauses (5): »Nördlich vom Badgebäude, über der Straße, ist ein schöner terrassenförmig angelegter Küchengarten, der auf den Gallerthurm führt, wo man ebenfalls die reizendste Aussicht über den See und auf das bayerische und schweizerische Hochland genießt.«

> und im ehemaligen Kapuzinerkloster (3): »Zur Aufnahme der Dienerschaft und minder bemittelter Badgäste ist östlich vom Badgarten ein zweistöckiges Haus mit entsprechenden Zimmern. Die Stallungen und Remise sind geräumig und können eine ziemliche Zahl von Pferden, Reisewagen und Cabriolets aufnehmen.« (*Aus: Xaver Staigers Beschreibung in seinem 1859 erschienenen Stadtführer*).

Ein äußerst anspruchsvolles Projekt der Stadtentwicklung – aus Gewerbeviertel mach Kurviertel – und es war viel Überzeugungsarbeit zu leisten, in der Kommunalpolitik, der Verwaltung, der betroffenen Nachbarschaft. 1824 startete Ackermann dann durch – erst pachtete er den Bäderbetrieb samt Kapuzinerkloster und erwarb es dann im Jahr darauf. Auch die 3 östlich ans »Alte Badhaus« angebauten Gerberhäuser kaufte er, riss diese ab und begann 1825 auf dem dann freien Baufeld mit dem Bau seines Bad Hotels. – Doch dass bereits im Winter 1823/24 (lt. dendrochronologischer Untersuchung 1998) das Bauholz geschlagen wurde, ist ein Hinweis, dass längst schon die Zustimmungen vorlagen, dass längst die Baupläne für das neue Bad Hotel gezeichnet waren, dass Bauaufträge erteilt waren.

UNTERSTÜTZUNG AUS DEM HAUSE FÜRSTENBERG-HEILIGENBERG

»Plan und Zeichnung zum ganzen Gebäude lieferte Hr. Bauinspektor Müller von Bettenbronn«, schreibt der städtische Baubericht von 1826. Leider liegen im Stadtarchiv dieser Plan und Zeichnung nicht vor. Das Fürstenbergische Archiv in Donaueschingen kennt jedoch einen Bauinspektor Johann Evangelist Müller, geboren am 12.02.1764 in Betenbrunn (bei Heiligenberg), gestorben allda 1833, der in Freiburg das Zeichnen lernte, in Betenbrunn 1798 von der Gebietsherrschaft Fürstenberg/Heiligenberg das Prädikat eines fürstlichen Baumeisters zugesprochen bekam, 1804 als Bauinspektor verbeamtet, und nicht nur in Diensten des Heiligenberger, sondern auch des Thurn und Taxis'schen Hauses in der Region, darunter auch Bad Buchau, mit der Oberaufsicht über die Bauangelegenheiten betraut war. Mit diesem Amt verbunden kannte er auch Überlingen gut, das vor seinem Zuschlag 1803 an Baden enge territoriale Beziehungen zur Heiligenberger/Fürstenbergischen Gebietsherrschaft unterhielt. So besaßen die Heiligenberger in der Stadt mit dem sogenannten »Meßkircher Haus« samt Torkel ein herrschaftliches Anwesen, heute Aufkircher Str. 13, einen Weinberg im Westen bei Überlingen-Goldbach und bezogen aus der Stadt einen jährlichen Ehrentrunk. Hatte Müller das nötige Know-how? Kannte er die aktuellen Entwicklungen im Kur-Hotelbau, etwa das Fürstenbad Langensteinbach (Karlsbad), Weinbrenners Hotel Badischer Hof u.a.m.? Sicher, denn sein Plan für das Überlinger Bad Hotel war auf der Höhe der Zeit, und, verglichen mit den anderen großen Kur- und Hotelbauten am Bodensee – Hotel Bad Schachen, Insel-Hotel Konstanz, Hotel Halm Konstanz – diesen auch um ein bis zwei Generationen voraus.

*Stich von 1830. Das Bad-Hotel im Zentrum, östlicher Teil der Neubau
von 1825, westlicher Teil noch das integrierte »Alte Badhaus«.*

DIE ARCHITEKTUR DES BAD HOTELS

Der Bäderbereich sollte, nachdem sich bei dessen Ver-
legung 1809 ins Kapuzinerkloster die Heilkraft des
Wassers verschlechtert hatte, wieder an seinen alten
Platz, ins »Alte Badhaus«, zurückkehren. Auf dem historischen Stich von 1830 ist dieses gut zu erkennen:
dreigeschossig, mit Satteldach, insgesamt sieben Fensterachsen lang, an der südwestlichen Hausecke mit
einem stumpfen Turm (2). An seiner östlichen Giebel-
seite, zum ehemaligen Kapuzinerkloster hin, waren
ursprünglich die drei Gerberhäuser angebaut (4), die
Ackermann 1825 kaufte, abriss und damit Platz für seinen Neubau schuf. Die Planung sah einen dreigeschos-
sigen, knappe 50m langen Baukörper mit insgesamt 16
Fensterachsen vor. Die Dacharchitektur war ganz nach
der aktuellen Mode – ein Mansard-Dach, möglicher-

weise angelehnt an das Vorbild des Fürstenbergischen Schlosses in Donaueschingen. Da der Karlsruher Großmeister Friedrich Weinbrenner, wie Architekturhistoriker sagen, angeblich kein Freund von Mansarddächern war, kommt dieser, leider, als Planungsbeteiligter nicht in Frage. Doch auch ohne ihn entstand damit eine aus dem damaligen Baugeschehen herausragende Architektur im aufkommenden Empire-Stil. Die Fassaden waren, ähnlich wie bei Konventbauten, flächig verputzt, die Fenster mit Gewänden geziert und mit Fensterläden ausgestattet. Lediglich das Portal zum zwei-geschossigen Tanz- und Speisesaal auf der Ostseite, dem Kapuzinerkloster zu, erhielt einen üppigen Schmuck aus von Säulen getragenem Vordach mit Schaubalkon. Eine weitere Besonderheit dieser Fassade ist ihre merkwürdige, von der Rechtwinkligkeit abweichende leichte Schrägstellung, sodass sie parallel zum gegenüberliegenden Kapuzinerkloster, und so mit ihm im Dialog steht. Da, wie der Baubericht 1826 schreibt, »wegen großen vorfindlichen Näßen, und selbst Brunnen Gewölben (...) über 300 St. 12 Fuß lange Tannen Pfähle geschlagen werden (mußten), worauf nun das Fundament gemauert worden« (4), holte sich Müller Rat und Beistand von seinem Kollegen, »dem Palier und Baumeister Bauer von Buchau am Federnsee«. Für ihn waren diese Bodenverhältnisse nichts Ungewöhnliches. Als Architekt der Bad-Buchauer Synagoge, erbaut 1838 im sogenannten Weinbrenner-Stil, wird ein »fürstlicher Baumeister«, damals Haus Thurn u. Taxis, Alex Bauer genannt. Möglicherweise ist er identisch mit unserem »Palier u. Baumeister« des Bad

Hotels. Leider wurden die Baukosten dadurch um »mehr als die Hälfte überschritten«, und Ackermann musste, wie der historische Stich von 1830 zeigt, sein Pensum reduzieren: Er ließ das dreigeschossige »Alte Badhaus«, erkennbar an seinen geringeren Geschosshöhen und dem Satteldach, vorerst stehen, integrierte es aber so geschickt in sein Bad Hotel, dass er einen Besucherstrom von »vielen und vornehmen Gästen« erlebte.

KEIN KURHOTEL OHNE KURGARTEN

Waren Kurgärten anfangs eher Beiwerk der Heilbäder, wurden sie unverzichtbare Elemente, die zur Erholung und Entspannung der Kurgäste beitragen sollten. So entstand der Kurgarten zum See hin aus der sukzessiven Zusammenlegung mehrerer Parzellen – ursprünglich war es lediglich ein schmaler Streifen zwischen »Altem Badhaus« und See entlang des Dammes, wurde dann 1809 ergänzt durch die Gärten am Kapuzinerkloster, 1825 dann um die Flächen der abgerissenen drei Gerberhäuser. Eine attraktive Besonderheit waren dabei der Dammturm mit dem Damm (7) – eine mit Mauern eingefasste über fünf Meter hohe und 19 Meter breite ehemalige Geschützplattform aus dem 16. Jahrhundert zwischen Bad Hotel und See, über die Gustav Schwab 1827 schreibt: »Herrliche Aussicht nach allen vier Seiten auf dem altern Thurm im Garten des Herrn Kaufmann Mayer neben dem Bad. Der Eigentümer öffnet sein Gut Badegästen und Fremden aufs Gefälligste«. Sobald Ackermann seine Wohnung ins neu erbaute Bad Hotel verlegt hatte, riss er auch seine 1803

Fischerhäuser Vorstadt vor 1825 – von links nach rechts: Am Bildrand der Stadtgraben der äußeren Befestigung mit Stadtmauer, Dammturm, »Altes Badhaus« mit großem Satteldach, die drei Gerberhäuser, das Kapuzinerkloster, dahinter der Dachreiter des Fransiskanerinnenklosters, rechts die Befestigung der inneren Stadt mit Frachthafen

erworbenen Gerberhäuser vis-a-vis (1) ab und legte dort einen terrassierten Küchen-Schaugarten an, der sich bis zum Gallerturm hinauf erstreckte (5). Zusammen mit der gärtnerischen Gestaltung der benachbarten Festungsgräben (nach 1850) durch die fürstlich-fürstenbergische Hofgärtnerei im Auftrage der Stadt entstand so das Gesamtbild eines großzügigen repräsentativen Kurparks.

DIE ZAHL IHRER VEREHRER
VERMEHRT SICH BEDEUTEND

Doch Ackermann erlebte die Fertigstellung seiner Planung nicht mehr – der Pionier des Überlinger Kurbad-Phänomens starb 1828 in seinen besten Jahren. Trotz ernsthafter Versuche konnte seine Familie die Kur-Einrichtung nicht halten. Dann, nach Besitzerwechseln und zwischenzeitlichem Leerstand, fanden sich 1836 Käufer mit ausreichender Fachkenntnis und Solvenz: Der eine, Heinrich von Kiesow (1792–1885), u.a. Hersteller der »Dr. Kiesows Augsburger Lebensessenz«, hatte sich aus Augsburg Richtung Bodensee orientiert und ist auch bekannt als zeitweiliger Eigentümer von Schloss Eugensberg (erbaut von Napoleons Stiefsohn Eugène de Beauharnais) am Untersee, direkt neben Schloss Arenenberg gelegen. Der andere, Kommerzienrat und Rittergutsbesitzer Eduard Schuster aus Emerkingen, war sein Schwager. Sie vollendeten dann in einem zweiten Bauabschnitt die Planung des Bad Hotels, indem sie die stehengebliebenen Teile des »Alten Badhauses« abtragen ließen und die bestehenden zehn Achsen des Bad Hotels um die fehlenden sechs ergänzten. Bei der zeitgemäßen balneologischen Ausstattung der Badeanstalt arbeiteten sie eng mit dem Medizinalrat Dr. Johann Nepomuk Sauter zusammen. Doch auch den Kurgarten konnten sie arrondieren. Sie erwarben den, von Gustav Schwab 1827 so begeistert beschriebenen »Mayerschen Garten« auf dem Damm samt Dammturm und richteten in dessen oberen Geschossen diese »drei prachtvollen Wohnungen« ein, die seitdem als Fremdenzimmer im Badturm über das Bad Hotel gebucht werden können.

Damit war, wie Dekan und Münsterpfarrer Dr. Johann Nepomuk Müller in seiner *Denkschrift* von 1860 schreibt, die Vision des Ackermann in die Realität umgesetzt: »Im ganzen Seekreise des Großherzogthums Baden ist sie allein dastehend als aller Beachtung würdige, heilsame und erquickende Mineralquelle in größerem Maßstabe. Ihr Ruf, sehr alt, hat sich bis auf unsere Tage ungeschmälert forterhalten, und verschafft sich von Jahr zu Jahr mehr Zuwachs; die Zahl ihrer Verehrer vermehrt sich bedeutend.«

William Turner inszenierte Konstanz 1842 als ein zweites Venedig.
Der Wegbereiter des Impressionismus begreift den Bodensee als Zitat des Südens.

DIE DEUTSCHE RIVIERA – TOURISMUS AM BODENSEE

MARTIN
BAUR

Der Tumult, der sich an jenem Sommertag des Jahres 1908 in Friedrichshafen abspielte, nahm beängstigende Formen an. Die »Schwäbische Kronik« aus Stuttgart berichtete von total überfüllten Gasthöfen, viele Besucher seien schon froh gewesen, wenn sie auch nur ein Matratzenlager in irgendeiner Wirtsstube hätten ergattern können. »Das Ufer bei Manzell, und zwar bis weit nach Friedrichshafen zu, ist zum reinen Feldlager geworden.« An jenem Dienstag, 4. August, stieg das Luftschiff LZ 4 zu seiner 24-Stunden-Fahrt auf.

In das »kleine alte Städtchen«, wie Hermann Hesse Friedrichshafen nennt, pilgerten Massen von Schaulustigen, um die Erfindung des Grafen Ferdinand von Zeppelin mit eigenen Augen zu sehen. Der in Gaienhofen wohnende Dichter gehörte zu jenen wenigen Privilegierten, welche die Zeppelingesellschaft zu einer Fahrt mit dem neuen Luftschiff »Schwaben« einlud. Nachdem er am Samstag, 22. Juli 1911, mit dem Dampfschiff angekommen war, die Luftfahrt mit LZ 10 sollte am Sonntag sein, mietete er im »ersten besten kleinen Gasthof« ein »ordentliches und wohlfeiles Zimmer« und Hesse war »angenehm enttäuscht, denn man hatte mir erzählt, Friedrichshafen sei neuerdings unheimlich elegant und teuer geworden«. Beim Abendspaziergang sah er ungeachtet seiner günstigen Bleibe »nun allerdings an Neubauten und zweifelhaften Verschönerungen, dass immer ein bisschen Wahrheit in jenen Berichten gewesen war.«

Seitdem der erste Zeppelin am Montag, 2. Juli 1900, exakt 20.03 Uhr, vor 12.000 Schaulustigen an Land und auf Schiffen in der Manzeller Bucht aufgestiegen war, hatte Friedrichshafen eine weltweit einmalige Attraktion. Den Hoteliers und Wirten in den anderen Städten am Bodensee blieb nur der blanke Neid. Wieder einmal. Auch beim Dampfschiff und der Eisenbahn hatte die ehemalige Reichsstadt die Nase vorne gehabt.

In vielen Reiseführern des 19. Jahrhunderts beschreiben Zeitzeugen, weshalb sich der Fremdenverkehr in den verschiedenen Regionen am Bodensee so unterschiedlich entwickelte. Wenn ein Beobachter 1887 feststellt, dass Konstanz »unbestritten den ersten Rang unter den Städten des Bodenufers« einnimmt, Bregenz »im Aufschwung begriffen« sei und Lindau »als Inselstadt weit bekannt ist«, dann hängt das zuvorderst davon ab, wann im Ort das erste Mal das Stampfen einer Dampfmaschine zu hören war. Die *Schwäbische Kronik* konstatiert in ihrer Ausgabe vom 17. Mai 1853 für Friedrichshafen: »Es ist erst wenige Jahre her, dass die Südbahn uns den Bodensee leicht zugänglich gemacht hat, und schon wimmelt es während der günstigen Jahreszeit in dieser, sonst von den Reisenden vernachlässigten Gegend, von Besuchern aller Stände und Länder.«

Eine neue Mobilität: Die Dampfmaschine, erfunden vom Engländer Thomas Newcomen, weiterentwickelt von James Watt, bescherte der Welt die Industrielle Revolution mit ihren tiefgreifenden wirtschaftlichen,

Schon die frühen Zeppeline waren ein derart beliebtes Postkartenmotiv, dass sie heute ein eigenes Sammelgebiet darstellen. Diese Karte mit LZ 3 über Konstanz ist am 6. Juli 1908 im Schweizerischen Schaffhausen abgestempelt – zu diesem Zeitpunkt hatte sich bereits LZ 4 in die Lüfte erhoben, jenes Luftschiff, das bei einer Erprobungsfahrt am 5. August 1908 bei Echterdingen havarierte.

sozialen und demografischen Umwälzungen. Eingebaut in Schiffe und Lokomotiven läuteten die ersten selbstlaufenden Kraftmaschinen der Menschheitsgeschichte ein neues Zeitalter des Reisens ein.

Der erste regelmäßige Dampfschiffverkehr auf dem Bodensee verbindet ab dem 1. Dezember 1824 viermal wöchentlich Friedrichshafen und Rorschach. Der württembergische Glattdeckdampfer (GD) »Wilhelm« hatte keine Aufbauten und diente in erster Linie dem Warentransport. Die Passagiere standen oder saßen zwischen Weinfässern, Getreidesäcken und Vieh. Zwar

mussten die Fahrgäste auf alle Annehmlichkeiten verzichten, doch schon der GD Wilhelm war sonntags bei
schönem Wetter zu »Spazierfahrten« unterwegs. Ein
Jahr später zog das Nachbarland Baden nach. GD »Max
Joseph« steuerte ab dem 1. Mai 1825 regelmäßig die
Häfen des Obersees und des Überlinger Sees an und
auch dieser Dampfer ist sporadisch zu »Lustfahrten«
unterwegs. Dabei sind die Dampfschiffe für so man-
chen Passagier weniger Fortbewegungsmittel, als vielmehr mit ihren mächtigen Maschinen selbst das
Ausflugsziel – die meisten Menschen hatten damals
solche moderne Technik noch nie mit eigenen Augen
gesehen.

Bodenseeklischee: Das auf dieser 1896 verschickten Postkarte abgebildete Schiff hatte kein reales Vorbild, der von Möwen umschwärmte Dampfer in den wogenden Wellen war der Phantasie eines Grafikers entsprungen, der die Szene für einen Darmstädter Postkartenverlag ersann.

Die Veränderungen der Schifffahrt auf dem Bodensee im Laufe des 19. Jahrhunderts spiegeln die Entwicklung des Fremdenverkehrs an seinen Ufern. Mit der Indienststellung des ersten Salondampfers begann 1871 eine neue Ära. Der badische SD Kaiser Wilhelm war das erste bewusst auf den Personenverkehr ausgelegte Schiff. Es bot bis zu 600 Reisenden Platz und war derart luxuriös ausgestattet, dass es höchsten Ansprüchen genügte. Namensgeber Kaiser Wilhelm I. unternahm im Juli 1886 mehrere Fahrten und traf an Bord den österreichischen Kaiser Franz Josef I. und den Württembergischen König Wilhelm II.

Deutlich bilden sich im Schiffsbau die Standesunterschiede ab. Ein Beispiel für die sozialen Schranken in der Belle Époque ist bis heute der erhaltene und restaurierte Salondampfer SD Hohentwiel. 1913 in Dienst gestellt, waren die Salons für die I. Klasse und die Kajüten der II. Klasse klar getrennt. Für ein Billet II. Klasse musste der Passagier nicht nur auf den allermeisten Komfort verzichten, sondern hatte auch eine schlechtere Sicht nach draußen.

Der Aufschwung kommt auf Schienen: Auch bei der Eisenbahn war Friedrichshafen allen anderen Regionen voran. Als erster Schienenstrang erreichten die Gleise der Königlich Württembergischen Staats-Eisenbahnen am 8. November 1847 den Bodensee. Lindau bekam im März 1854, Romanshorn im Mai 1855 und Rorschach im Oktober 1856 Bahnanschluss. Baden indes ließ sich Zeit. Erst 1863 erreichten die Gleise der Großherzoglich Badischen Staatseisenbahnen in Konstanz den Bodensee.

Und Überlingen, Meersburg, Unteruhldigen oder Hagnau? Die Menschen am Nordwestufer des Bodensees hätten »mehr als ein Menschenalter« um die Eisenbahn gekämpft, hieß es, als am 18. Juni 1895 endlich der erste Zug der Bodenseegürtelbahn im Überlinger Westbahnhof einfuhr.

In unzähligen Petitionen an die Ständeversammlung in Karlsruhe hatten die Städte, Gemeinden und Interessensverbände im Linzgau den Anschluss gefordert. Die gewählten Abgeordneten der II. Kammer dieses Parlaments hörten am 11. Juni 1864 folgendes Argument: »In unserer Nähe besitzen wir ein eklatantes Beispiel, welche Entwicklung eine Eisenbahn auf Handel und Gewerbe, auf Wohlstand und Annehmlichkeit ausübt. Friedrichshafen, vor dem Bau der Bahn ein armseliges Dorf, ist jetzt zu einer blühenden Stadt (...) geworden.« Bis zum Weiterbau der Bodenseegürtelbahn von Überlingen nach Friedrichshafen vergingen dann nochmals sechs Jahre. Allerdings hatte sich die »Tallinie« durchs Bodenseehinterland gegen die »Seelinie« durchgesetzt. Diese Tallinie führt in einem weiten Bogen um die Ufergemeinden Meersburg, Hagnau und Immenstaad herum.

Die Städte wandeln sich: Ganz bewusst schufen Überlingen, Friedrichshafen, Lindau, Bregenz oder Rorschach für ihre Kurgäste Wege am Wasser. Hatte der See bisher bis an die Mauern und Häuser herangereicht, entstanden nun in der zweiten Hälfte des 19. Jahrhunderts durch Aufschüttungen Promenaden. Hier waren es gerade die von der Bahn vernachlässigten Gemeinden, die sich solche Attraktionen zuerst

Im Jahr 1912 vermarktete diese Postkarte den gesamten Bodensee mit sämtlichen wichtigen touristischen Destinationen. Auch hier gehört die hinter dem See liegende Alpenkette dazu – die eigentlich nur an Föhntagen zu sehen ist.

Und noch ein Beispiel für die Gesamtvermarktung des Bodensees. Diese Karte zeigt den See sowie Überlingen mit seiner Badeanstalt. Das Motiv existiert in zahlreichen Varianten mit allen wichtigen Städten als Detailmotiv.

schufen. Die Überlinger Seepromenade entstand bereits 1865. Die Seestraße in Meersburg folgte zehn Jahre später. Langenargen gönnte sich erst 1909 eine kleine Promenade. Das größte Projekt dieser Art aber waren die neuen Quai- und Uferanlagen in Friedrichshafen, die spät, im Jahre 1911, feierlich eingeweiht wurden. Teil davon waren der weitläufige Uferpark, das Kurgarten-Hotel sowie der Yacht- und Gondelhafen. Und auch hier entspricht die räumliche Distanz dieser beiden Häfen dem sozialen Abstand zwischen einem Mitglied des noblen Königlich Württembergischen Yachtclubs und dem Handwerksmeister, für den sich der Wassersport auf eine Stunde in der Mietgondel beschränkte.

Der Prominenzfaktor wiegt schwer: Neben dem Zeppelin, der Verkehrslage und der Natur nennt die Fremdenverkehrs-Werbezeitschrift *Bodensee und Rhein* Anfang des 20. Jahrhunderts noch einen weiteren Faktor dafür, dass Friedrichshafen »zu einer bevorzugten Stätte am Bodensee« wurde: Es war Herrscher-Residenz. Die württembergische Königsfamilie hatte Friedrichshafen bereits 1824 zu ihrer Sommerresidenz erkoren. Der Großherzog von Baden weilte ab 1843 sommers auf der Mainau. Im Sog der Herrscher folgte der Adel und das wohlhabende Bürgertum. Um die Jahrhundertwende hatte diese »Feudalisierung«, wie Sozialwissenschaftler dieses Nachahmen des Adels nennen, immer größere Kreise erfasst. In Bregenz waren die Besuche von Mitgliedern regierender Häuser Höhepunkte der Saison und belebten den Fremdenverkehr, schreiben Historiker. Auch Lindau, Arenenberg oder Rorschach profitieren davon, dass man dort auf denselben Chausseen wie die Aristokratie promenieren konnte. Damit die anderen Sommerfrischler im Bilde sind, berichteten die örtlichen Zeitungen oder Badblätter regelmäßig darüber, welche hochgestellten Personen gerade in der Stadt kuren.

Dort, wo die Sommerfrischler ankamen, entstanden zahlreiche Hotel- und Gaststättenneubauten, in der Nähe der Häfen und Bahnhöfe. Nach dem Sieg gegen Frankreich 1871 erlebte der Bodensee ein »bis dahin beispielloses touristisches Gründungs- und Spekulationsfieber«. Allein in Konstanz entstanden binnen weniger Jahre vier größere Hotels. Drei von ihnen mit Blick auf See und Alpen sowie in unmittelbarer Nähe von Hafen und Bahnhof. Darunter das Hotel Halm gegenüber dem Bahnhof, das seine Pforten 1872 als Haus ersten Ranges öffnete. Drei Jahre später folgte das Insel-Hotel, bisher hatte die Familie des Grafen Zeppelin das alte Dominikanerkloster als Fabrik genutzt. Welchen Glanz das anspruchsvolle adlige Publikum und das sie nachahmende Großbürgertum erwarteten und bekamen, zeigt der restaurierte und weitgehend original erhaltene Maurische Saal des Konstanzer Halm bis heute. Im Luxus solcher Gesellschaftsräume konnten die wohlhabenden Gäste Status und Konsum öffentlich zur Schau stellen.

Neue Art des Reisens: Das Wort »Sommerfrische« setzte sich in der zweiten Hälfte des 19. Jahrhunderts im allgemeinen Sprachgebrauch durch und steht für einen neuen Typus des Reisens. Statt Bildung und Abenteuer zu suchen, dient nun die Sommerfrische der

Erholung. Detailliert schildert Theodor Fontane diese Gegenwelt zum hektischen Alltag in den staubigen Städten mit ihrer schlechter Luft in seiner Erzählung *Cécilie*, erschienen 1886. Nach und nach erschließt sich diese Art des Urlaubs mit dem Leben im Hotel, Ausflügen und gesellschaftlichem Verkehr auch breiteren bürgerlichen Schichten. Urlaubsregelungen als Teil des Arbeitsverhältnisses ermöglichen den geplanten Müßiggang: Erstmals billigt das Reichsbeamtengesetz von 1873 Staatsbeamten einen kurzen Jahresurlaub zu, nach und nach folgen Urlaubsregelungen für Angestellte. Wie weit die touristische Emanzipation um 1900 gediehen ist, zeigen die sozialen Strukturen der Sommerfrischler am Bodensee. In Überlingen sind sie in Gästelisten dokumentiert. Während im dortigen feinen Bad-Hotel Fabrikdirektoren, Geheime Regierungsräte, Generalmajore und Professoren logierten, hatten sich ein paar Meter weiter im »Schiff« Bahnbeamte und Handwerker wie Monteure, Küfer oder Flaschner eingemietet.

Inszenierte Natur: Neben Hafenanlagen und Uferpromenaden wurden zum Ende des 19. Jahrhunderts Badeanstalten und Stadtgärten erweitert oder neu angelegt. Die dem Ufer vorgelagerten, streng nach Geschlechtern getrennten Seebadeanstalten sind typisches Zeichen der Zeit. Die Inszenierung der Natur in Form von Parks und Gärten hatte nicht nur die Funktion, den Sommerfrischlern die Bühne für das Sehen und Gesehen-Werden zu bieten. Es ging auch darum, Assoziationen von Côte d'Azur, von Süden und Mittelmeer zu wecken. Mediterrane Vegetation und tropisch

Der See und seine Anrainerstaaten: Diese Karte, abgestempelt am 30. Mai 1903 in Rorschach, zeigt den unter bayerischer Flagge laufenden Dampfer »Prinz-Regent«. Darüber die Wappen aller fünf Anrainerstaaten des Bodensees.

Sehen und gesehen werden: Diese Bootsgesellschaft auf dem Sonnendeck eines Dampfschiffes bannte der Überlinger Fotograf Alexander Lauterwasser um 1900 auf Platte

Um 1900 war nicht mehr viel übrig von der einst mächtigen Überlinger Stadtbefestigung. Was geblieben war, warb nun auf Postkarten für die romantischen Straßen und Gassen der ehemaligen Reichsstadt: Diese am 24. Oktober 1901 abgestempelte Karte zeigt Gallerturm, Franziskanertor, Sankt-Johannturm und Burgberg-Schloss.

anmutenden Pflanzen schufen am nördlichen Ufer die Kulisse für die »Riviera am Bodensee« und Überlingen findet sich mal als »badisches Nizza«, mal als »schwäbisches Nizza« in Reiseführern und Artikeln. Das beste Beispiel für diesen artifiziellen Süden ist der von Hermann Hoch gestaltete Überlinger Stadtgarten. Der in seinen Lehr- und Wanderjahren weit herum gekommene Gärtner übernahm 1894 die Leitung des Stadtgartens in seiner Heimatstadt. Er hatte als Hofgärtner der Baronin von Rothschild in Genf seine Passion für Kakteen entwickelt und auf Wanderungen längs der Küsten des Mittelmeers den Zauber mediterraner Flora entdeckt.

Die von Hermann Hoch angelegte Sammlung von Sukkulenten und Kakteen wurde alljährlich mit gro-

Werbung des städtischen Verkehrsbüros für das »Deutsche Nizza« im Bodenseebuch des Jahres 1927

ßem Aufwand ins Winterquartier gebracht, über 100 Jahre lang. Erst im Zuge der Landesgartenschau 2020/21 fanden sie ein neues Zuhause in einem Glashaus. Wie sehr Stadtgarten und Kakteen als Synonym für den Süden empfunden wurden, zeigt die Ausgabe der Berliner Wochenschrift *Die Gartenwelt* vom 9. November 1912. Der Hauptartikel widmet sich auf vier Seiten den »Gartenanlagen der jetzt als Sommerfrische vielbesuchten Stadt« Überlingen. Überdies beschreiben die Fachleute eine von der Natur begünstigte Landschaft: »So finden wir in Deutschland die mildesten Winter am Bodensee, und zwar in der badischen Südwestecke. Auf der Insel Mainau schuf der verstorbene Großherzog Friedrich von Baden, (…) ein Pflanzenparadies, das in Deutschland einmalig dasteht und durch seine immergrünen Gewächse an die Gärten Oberitaliens erinnert.«

Überlingen als schwäbisches Nizza: Mit diesem mediterranen Flair konnte Überlingen punkten, obwohl es ohne Eisenbahn schwer zu erreichen war, wie ein Blick ins *Überlinger Badeblatt*, das zur Saisoneröffnung 1890 erschien, zeigt: »Ihr Alle, Ihr Hunderte und Tausende von Passanten, Touristen, Sommerfrischlern und Vergnügungsreisenden, die Ihr vorüberzieht mit dem roten Baedecker in der Hand, der unserm Überlingen kaum ein paar Zeilen widmet: Vielleicht will's der Zufall, dass Ihr unser »Schwäbisches Nizza« dennoch »entdecken« sollt. Denn förmlich entdeckt muss unser Kurort immer noch werden. Wir sind ja hier in diesem begehrenswerten Erdenwinkel noch nicht so weit mit den Segnungen der Kultur ausgestattet, dass wir eine

Badeanstalten wie diese, die auf einer Überlinger Postkarte von 1913 zu sehen ist, entstanden im 19. Jahrhundert rund um den See

Eisenbahnverbindung unser Eigen nennen könnten.« Die Kreativität bei den Vergleichen mit dem Süden ist groß. Für den Geheimen Hofrat und Historiker Karl Theodor Zingeler ist »Überlingen das schwäbische Genua«, wie er 1878 in *Woerl's Reisebibliothek* schreibt. Dabei ist die weltabgeschiedene Lage für Reisende wie den Engländer Samuel James Capper durchaus faszinierend. Er fuhr 1879 von Lindau aus mit dem Schiff nach Überlingen und lässt seine Leser wissen: »Als sich unser Dampfer Überlingen näherte, scheinen wir Abschied zu nehmen vom 19. Jahrhundert mit seiner Eile und seiner Hast und seinen tausend Fortschritten der modernen Zivilisation. Anders als nach Lindau und nach Friedrichshafen hat das große Dampfross seinen Weg nach Überlingen noch nicht gefunden.«

Capper schwärmt von der Romantik, die die »wohlerhaltenen« Stadtmauern und Stadttore vermittelten. Dass die Überlinger in der ersten Hälfte des 19. Jahrhunderts ihrer mittelalterlichen Festungsanlage mit mächtigen umlaufenden Mauern und ursprünglich 16 Türmen sowie fünf Land- und drei See-Toren mit der Spitzhacke zu Leibe rückten, war ihm nicht bewusst. Als klar wurde, dass die Relikte der Vergangenheit touristisches Kapital sind, stehen nur noch das Aufkircher- und das Franziskanertor. Sie werden zusammen mit den verbliebenen Türmen und den Resten der Mauern zum beliebten Motiv früher Postkarten.

Den Slogan »Am Bodensee beginnt der Süden«, mit dem die Touristiker in der Zeit nach dem Zweiten Weltkrieg die Menschen aus den zerbombten Städten in eine unberührte Landschaft lockten, war nur neu formuliert. Das zeigt ein Blick auf jene Zeit, in der noch katholische Pfarrer sich um das Stadtmarketing kümmerten: Johann Nepomuk Müller, Überlinger Stadtpfarrer und Dekan, schreibt in seinem Büchlein *Die Mineralquell- und Seebadeanstalten Ueberlingen am Bodensee mit ihren Umgebungen*: »Es ist hier ein kleines Nizza, umgeben mit allen Reizen einer wunderschönen Natur, in welchem die Luft ungemein wohltätig und nervenstärkend wirkt, weshalb es auch bei Vielen zum Bedürfnisse geworden, alljährlich einige Wochen hier zu bleiben, und der friedlichen Ruhe zu genießen.«

Doch ist dieses mediterrane Image, mit dem Autoren von Bäderzeitungen, Reiseführern oder Gartenmagazinen schon damals für den See warben, nur eine findige Marketingidee? Oder war und ist es nicht viel mehr die Landschaft selbst mit ihrer Flora, die sich als Süden aufdrängt? Die Antwort finden wir bereits in den Beschreibungen jener Durchreisenden, für die der Bodensee noch nicht Ziel war, sondern nur Station auf dem Weg in die Alpen oder nach Süden. Einer davon war William Turner.

Der Londoner Maler Joseph Mallord William Turner gilt nicht nur als bedeutender Vertreter der Romantik, Kunsthistoriker feiern ihn vor allem als Wegbereiter des Impressionismus. Den Höhepunkt seiner Karriere als Landschaftsmaler erreichte er mit einer Serie von zehn Aquarellen, die 1842 auf einer der letzten der Schweiz-, und Italienreisen des Künstlers entstanden. Eines davon ist das Bild »Constance« und es war eine kleine Sensation, als es dem Überlinger Kulturamtsleiter Michael Brunner 2004 gelang, die Art Gallery im nordenglischen York davon zu überzeugen, dieses nationale Kulturgut, das die britische Insel eigentlich nicht verlassen darf, nach Überlingen in die Ausstellung »Wasser in der Kunst« auszuleihen.

»Konstanz verwandelt sich in den Augen Turners in ein zweites Venedig«, schreibt Kunsthistoriker Brunner im Katalog zur Ausstellung über das Bild, »der Zeichner verleiht dem Rhein das Flair einer weiten verträumten Lagune, in der die Konzilsstadt wie eine Insel erscheint«. Turner entdeckt auf seinem Weg nach Süden am Bodensee eine erste Projektion mediterraner Sehnsucht. Genau diese Sichtweise begegnet uns in den Reisebeschreibungen des ausgehenden 18. und des gesamten 19. Jahrhunderts immer wieder.

Vom Durchreiseort zum erlebten Süden: Bis weit

ins 18. Jahrhundert war der Bodensee für die meisten der gebildeten Italienreisenden auf der Wanderung ins klassische Altertum »kaum mehr als eine missliche Durchgangsstation auf den vielen Routen, die nach Rom führten«. Auch in der Frühzeit des Schweizer Alpentourismus ab etwa 1750 blieb die zu überwindende Wasserfläche lediglich ein Hindernis auf dem Weg in die Schweizer Bergwelt. Doch war der Bodensee für den Schriftsteller Friedrich Leopold Graf zu Stolberg, wie für viele andere Durchreisende, nur wegen der bereits hier gebotenen Aussicht auf Gebirge und Alpen von Interesse, wie Historiker meinen?

In einem Brief vom 21. August 1791 beschreibt der aus dem damals noch dänischen Holstein stammende Graf seine Reise in der Kutsche von Lindau nach Meersburg: »Wir fuhren immer unter großen Obstbäumen, oft neben Waldungen von Tannen und von Laubholz. Wo der Weg uns hoch führte, da sahen wir immer unter uns im Tal am See Weinberge, Obst- oder Walnußbäume. Die Berberitzenbüsche mit ihren roten Beeren, welche wir nur in Gärten sehen, und der schöne lilafarbene Krokus, wachsen hier wild (...) und es macht mir jedesmal große Freude, wenn ich neue Arten sehe, oder wenn ich diejenigen wildwachsend finde, welche wir in den nördlichen Provinzen Deutschlands sorgfältig pflegen müssen.«

Es waren die Landschaft und der darin eingebettete See selbst, die Graf Stolberg die Ahnung des Südens von sich aus aufzwangen. Gleich erging es auch dem Stuttgarter Dichter Gustav Schwab, den wir durch seine »Sagen des klassischen Altertums« kennen. Er schrieb 1827 ein Handbuch für Reisende, das mit dem *Bodensee nebst dem Rheintale* bekannt machte. Die Stadt Konstanz an sich bilde »keinen der schönsten Aussichtspunkte«, schreibt er, doch könne sich der Besucher vom Münster aus einen hervorragenden Überblick bis Lindau und Bregenz verschaffen.

Begeistert ist Schwab vielmehr von der »Insel Maynau«. Sie sei »angefüllt mit allem, was die Natur zum Genuß, zum Nutzen und zur Augenlust darbieten kann«. Der Pfarrer und Gymnasialprofessor schwärmt von der »Sonntagsfeier der Natur auf diesem Eilande« und das bringt ihm zum Schluss: »Und man sollte den Wanderer, der im Blütendampfe eines warmen Frühlingstages, in der wogenden Sommerluft einer blauen Mittagsstunde, im Purpur eines Herbstabends Vergleichungen anstellt, und von den Wonnen Genuas oder Neapels faselt, nicht richtend verlachen.«

Wenn die Internetseite bodenseetouren.de auch 2025 Überlingen als »Nizza am Bodensee« bewirbt, ein Vermieter in Bodman-Ludwigshafen vom ganzen Überlinger See als »Bodensee-Riviera« schwärmt und die Stadt Lindau sich auf ihrer Homepage als »Bayerische Riviera« vermarktet, dann klingt das, als ob clevere PR-Profis den Süden herbeireden wollten. Doch die Touristiker des 21. Jahrhunderts greifen lediglich auf das Image zurück, das sich im Laufe des 19. Jahrhunderts gebildet hatte. Und es war die Landschaft mit ihrem milden Klima selbst, die sich als vorweggenommenes Mittelmeer aufdrängt.

Als was für eine Sensation die Menschen des frühen 20. Jahrhunderts die neuen Luftschiffe empfanden, zeigt diese Karikatur von 1909. Sie stammt aus einer ganzen Serie solcher Motive, die bei heutigen Postkartensammlern beliebt sind.

Mediterranes Flair an der Uferpromenade vor dem Bad Hotel

KNEIPPEN IM BAD HOTEL

SIEGMUND
KOPITZKI

Der 21. August 1895 war für Überlingen ein besonderes Datum. An dem Tag fuhr der erste Zug in den neuen Bahnhof ein. Der Anschluss an die mobile Welt war erreicht. Die 1901 in Betrieb genommene Verlängerung der Bahn nach Friedrichshafen, eine wichtige Investition für die verschuldete Stadt, wurde in zwei Tunnels verlegt. Was niemand erahnen konnte: Die Maßnahme beeinträchtigte erheblich die Mineralquelle. Die mineralische Zusammensetzung des Wassers änderte sich, sodass dessen gepriesene Heilwirkung nachließ.

Folgt man Walter Liehner, Stadtarchivar und Mitautor der Chronik *1250 Jahre Überlingen. Eine Zeitreise vom Mittelalter bis zur Moderne* (2023), tat dies dem weiteren Aufschwung der Stadt und ihrem Wandel von einer provinziellen Kleinstadt zu einer Kur- und badischen Amtsstadt keinen Abbruch. Das hatte viele Gründe. Einer davon war wohl, dass der Badwirt Hermann Würth 1892 auf dem Grundstück beim Badturm hellseherisch eine »Kneipp'sche Wasserheilanstalt« als zweites Standbein eingerichtet hatte. Er warb dafür in Broschüren mit in Bad Wörishofen geschultem Personal. Sebastian Kneipp (1821 – 1897) lebte und wirkte als Priester über 40 Jahre in der bayerischen Stadt. Er ist der Namensgeber der Kneipp-Medizin und der Wasserkur mit Wassertreten, die schon früher angewandt, aber durch ihn erst populär wurden.

Es war aber kein Zufall, das Würth die Idee einer »Kneipp'schen Wasserheilanstalt« mit separaten Um-

Wie in anderen Kurorten »rollte« auch in Überlingen die Kneippbewegung

kleidekabinets, Gieß- und Wickelkabinen, einem großen Garten am See »mit dem Ausblick auf das Alpenpanorama« und »weiten Wiesflächen, die Anlass bieten sollen zum Gehen im nassen Grase und Bafuss-
laufen« (Broschüre), in die Tat umsetzte. Ein Jahr zuvor
hatte der Geistliche aus Bayerisch-Schwaben im Bad
Hotel einen Vortrag über »sein« Wasser- und Natur-
heilverfahren gehalten. Es muss Würth den letzten
Anstoß gegeben haben, in das Wasserprojekt zu investieren.

Wie es in verschiedenen Darstellungen heißt,
»rollte« die Kneippbewegung in Überlingen. Und in
der Praxis sah es so aus: Ein Kneipparzt verordnete
dazu Bäder, Dämpfe, Güsse und Wickel, die das ge-
schulte Badepersonal verabreichte. Die Kosten der An-
wendung: eine Mark bis 1,50 Mark täglich. 1894 wurde
in der Stadt ein Kneippverein gegründet, der bis heute
besteht. 1905 wurde das Bad Hotel um das Warmbad
erweitert, das damit die besten Voraussetzungen für
Kneippkuren bot. Mit dem Bau der Villa Seeburg beim
Badturm 1905 – 1908 rundete der geschäftstüchtige
Würth das Badeensemble ab.

Die Seeburg sah in der Folge unterschiedliche Besitzer und auch die Funktion der Villa änderte sich. Von
1919 – 1923 war sie ein »Haushaltspensionat für in- und
ausländische Töchter« und wurde nach den Grundsät-
zen der »wirtschaftlichen Frauenschulen« geführt.
1923 erwarb Maria Antoinette von Hohenzollern, Klos-
terfrau bei den Lioba Schwestern, die Seeburg und
stellte sie als Feriendomizil dem Verein der badischen
katholischen Lehrerinnen zur Verfügung. 1929 erwarb

*Findige
Unternehmer
reagierten schnell
mit Gesundheits-
produkte*

der Verein die Villa, nur vier Jahre später gab er sie an den Erzbischöflichen Stuhl Freiburg ab. Noch im gleichen Jahr zogen die Kreuzschwestern vom Kloster Hegne in das »Kneipp- und Erholungsheim Seeburg« ein und betrieben es auch wirtschaftlich erfolgreich.

Nach dem Zweiten Weltkrieg baute die Stadt – damals lag die Einwohnerzahl noch unter 5.000 – die für Kneippkuren notwendigen Infrastrukturen weiter aus. Wassertretstellen und Taulaufparcours entstanden, das Strandbad wurde vergrößert. 1955 erkannte der Deutsche Bäderverband Überlingen als siebtes Kneippheilbad der Bundesrepublik und damit als erstes in Baden-Württemberg an.

An der Stelle des heutigen Parkhauses West stand von 1967 – 1998 in einem parkähnlichen Gelände mit Wasserbecken und Springbrunnen das Kurmittelhaus. Der Bau ersetzte das Kurhaus neben dem Bad Hotel aus dem Jahre 1905. Die Ausstattung war schlicht, aber doch funktional. Seit ihrer Eröffnung im November 2003 setzt die Bodenseetherme Überlingen die Tradition der Wassertherapie in zeitgemäßer Form fort. Die Therme zählt rund 300.000 Gäste pro Jahr.

1992 pachtete die Stadt Überlingen die Villa Seeburg, die seither die Bewirtschaftung und Pflege des Haues dem Pächter bzw. Besitzer des Bad Hotel anvertraut. 2021 wurde die Villa Seeburg mit viel Liebe zum Detail renoviert und eine exklusive Spa Anlage eingerichtet. Die Aufgabe des Badepersonals übernimmt ein Fitness-Team. »Hier können Sie den Alltag vergessen und Ihr eigenes Fitness-Programm erstellen«, heißt es auf der Website des Hotels. Eine überschaubare

Das Angebot der Städt. Kur- und Warmbadeanstalt konnte sich sehen lassen

Kneipplandschaft, Erlebnisdusche, exklusive Sauna, Fitnessraum für »Personal Training« runden das Angebot ab. Und wer möchte, kann sich im Sommerhaus bei »Casa Cosmetic« verwöhnen lassen. Hier werden Mann und Frau angesprochen. Einst hatte der gern zitierte Überlinger Pfarrer und Dekan Johannes Nepomuk Müller die heilende Wirkung der Mineralquelle (»jugendliche Frische, eine weiche, reine Haut«) nur der Damenwelt angepriesen. Schöne neue Welt.

Die Frühgeschichte der »Kneipp'schen Heilanstalt« lässt sich in den Gängen des Bad Hotels anhand von historischen Plakaten, Fotografien und schriftlichen Zeugnissen nachverfolgen.

Kursaal am See, erbaut 1953/54 als »Kurhalle« von Dietrich Müller-Hausser

DER KURSAAL

MICHAEL
BRUNNER

Zum baulichen Ensemble des Bad Hotels zählt seit 1954 der Kursaal, der den Badgarten an seiner westlichen Seite bis zur Villa Seeburg flankierend rahmt. Der auffallend modern gestaltete Kursaal bildet einen markanten Kontrapunkt zum Bad Hotel und zur Villa Seeburg. Der ambitionierte Bau, der 1953/54 in nur acht Monaten realisiert wurde, ist ein Werk des Überlinger Architekten Dietrich Müller-Hausser. Der Kursaal wird traditionell als Stadthalle genutzt, doch wurde er nicht als solche geplant. Der Bau wurde als »Kurhalle« konzipiert mit dem Ziel, sie »soll die Möglichkeit bieten, die Kurkonzerte und Tanzveranstaltungen bei ungünstiger Witterung witterungsgeschützt durchführen zu können. Sie muß Sicht nach dem See als Hauptanziehungspunkt der Kurgäste bieten und gleichzeitig (…) Verbindung zum See und zum Kurgarten schaffen.« So formulierte es der Überlinger Stadtbaumeister Hans Oesterle am 10. August 1953 in einer Gemeinderatssitzung.

Die neue Kurhalle ersetzte ein im Badgarten bereits vorhandenes, »abbruchreifes« Provisorium, das laut Stadtbaumeister Hans Oesterle als »Schandfleck« und »grüne Bretterbude« gescholten wurde. Die neue Kurhalle sollte nach den Worten von Bürgermeister Anton Wilhelm Schelle »Überlingens Ruf als gepflegte Kurstadt festigen« und »eine werbende Anlage für unsere Fremdenstadt werden«. Die lokale und regionale Presse referierte ausführlich am 24. September 1953

Festliche Einweihung des Kursaals mit Bürgermeister Anton Wilhelm Schelle und dem Kurorchester am Vormittag des 30. Mai 1954

die Planung, die wenige Tage zuvor vom Gemeinderat beschlossen worden war: »Der Entwurf (von Architekt Müller-Hausser) geht davon aus, daß für den Kurgast sowohl der See als auch die im Kurgarten stattfindenden Veranstaltungen in einer Blickrichtung bleiben müssen. Der Fremde soll bei seinem Aufenthalt in der Kurhalle das Gefühl haben, daß er lediglich unter einem schützenden Dach ohne spürbare Trennung von der Natur gleich wie unter einem Regenschirm sich befindet. Durch versenkbare Glasfenster und Türen wird dies erreicht. Die Kurhalle soll eine Mehrzweckeinrichtung sein. Sie dient neben den Kurkonzerten auch als

Der Kursaal im Ambiente der 1950er-Jahre

Vortrags- und Veranstaltungssaal, in ihr sollen auch
Tagungen stattfinden. (...) Der gesamte Saal kann maxi-
mal 620 Personen aufnehmen, vor der Kurhalle haben
bei Bestuhlung und Bewirtschaftung 900 Personen
Platz« (*Südkurier*, 24. September 1953). Und: »In sanf-
tem Schwung läuft das Profil der neuen Kurhalle auf
den Turm am Seeufer zu. Die Höhe der Halle wird etwa
fünf Meter betragen. Sie soll nicht als schwerfälliger
Bau, sondern mehr als ›aufgespannter Schirm‹ die-
nen« (Bodensee-Nachrichten der *Schwäbischen Zeitung*, 24. September 1953). Diese Planung fand nicht
nur regionale Beachtung, sondern stieß sogar auf ein

DIE BUNDESWEIT GEFEIERTE »ERSTE KURHALLE AM BODENSEE«.

Abendliches Konzert im Kursaal mit dem Überlinger Sängerverein und Heinrich Hagner als Dirigent, zur Einweihung des Kursaals am 30. Mai 1954.

bundesweites Echo. Man feierte die »erste Kurhalle am Bodensee« (*Südkurier*, 12. März 1954). Schon im Vorfeld berichtete das *Hamburger Abendblatt* am 8. Januar 1954: »Eine moderne Kurhalle will die Stadt Überlingen am Bodensee bauen. Die Kurhalle, die zur Sommersaison 1954 eingeweiht werden soll, wird Platz für etwa 600 Personen haben.« Der Kursaal wurde am 30. Mai 1954 festlich eingeweiht. Das Festprogramm erstreckte sich über den ganzen Tag und begann mit einer An-

Tanzturnier im Kursaal, um 1955

sprache von Bürgermeister Schelle, musikalisch um-
rahmt vom Überlinger Kurorchester unter der Leitung
von Rudi Bühler. Am Nachmittag und nochmals am
Abend wurde Joseph Haydns Oratorium »Die Schöpfung« unter tosendem Beifall im Kursaal aufgeführt; es
traten das Städtische Orchester Konstanz unter der
Leitung von Dr. Richard Treiber und der Überlinger
Sängerverein unter der Leitung von Studienrat Heinrich Hagner auf. Die *Stuttgarter Nachrichten* betonten
am 10. Juni 1954: »Überlingen ist damit die erste Stadt
am Bodensee, die ihren Gästen eine derartige, in allen
größeren Kurorten anzutreffende Einrichtung zur Ver-

fügung stellen kann.« Die *Bremer Nachrichten* notierten zuvor am 22. Mai 1954: »In schönster Uferlage liegt die neue Kurhalle, die der Kneippkurort Überlingen als erste ihrer Art am Bodensee errichtet hat.« Die gleiche Meldung erfolgte in zahlreichen weiteren Tageszeitungen, unter anderem am 26. Juni in den *Düsseldorfer Nachrichten* und am 23. Mai unter der Überschrift »Kurhalle in Überlingen mit Dachgarten« auch in der *Gelsenkirchener Morgenpost*, ergänzt durch folgende Bemerkung: »Angenehmes mit Nützlichem wurde zur Freude aller Besucher auf dem Dachgarten der Kurhalle verbunden: Dort hat man einen herrlichen Blick auf die Bodenseelandschaft und kann, da der Dachgarten als Wiese mit Wassertretbecken eingerichtet ist, außerdem Kneippkuren durchführen.« Überschwänglich feierten die *Kieler Nachrichten* am 26. Juni Überlingens neue Attraktion in einem längeren Artikel: »An einem der schönsten Ufer des Bodensees liegt die neue Kurhalle von Überlingen. Vom terrassenförmigen Café und vom großen Kursaal blickt man auf den blauen See und auf das Säntismassiv. Ganz einzigartig ist die Aussicht vom Dachgarten, der als Kneippwiese mit Wassertretbecken eingerichtet wurde [...] inmitten einer bezaubernden Natur.« Vor allem dank des neuen Kursaals präsentierte sich Überlingen seit 1954 auch visuell durchaus modern und wandlungsfähig.

Fröhliche Badekultur am Überlinger See in der ersten Hälfte des 19. Jahrhunderts

»SONST IST ES GANZ HÜBSCH«

SIEGMUND KOPITZKI

Die Geschichte des Kur- und Seebads Überlingen ist vergleichsweise jung. Während die Thermalquellen in Baden-Baden seit der Römerzeit bekannt und genutzt werden, wird in Überlingen auf alte Sagen verwiesen, wonach alemannische Krieger in den Mineral-Quellen gebadet und sich von Krätze oder Aussatz befreit hätten. Andere und wohl zuverlässigere Quellen sprechen davon, dass die Quellen im 15. Jahrhundert, wenn nicht entdeckt, dann doch wieder in Betrieb genommen wurden. Erstmals urkundlich erwähnt werden sie um 1480. Und weil alles auch schon damals eine Ordnung haben musste, erließ der Magistrat 1505 eine erste Verordnung für den Badebetrieb. Danach sollte einer 14-tätigen Badekur eine ebenso lange Ruhepause folgen.

Ende des 16. Jahrhunderts entstand an der Stelle, an der das Bad Hotel steht, ein Neubau mit Badezubern, Heizkesseln, Steinofen und Garten. Von »Fremdenverkehr« konnte noch nicht gesprochen werden. Aber an gutgemeinten Ratschlägen für eine Badekur fehlte es nicht. Der Überlinger Stadtarzt Ludwig Leopold Helmling stellte 1691 folgende Regeln auf: Man solle »nicht mit vollem, ungerainigtem oder blutreichem Leib zu Baden anfangen«, außerdem »während des Badens Alltagssorgen und Ängste vergessen« und vor allem »nichts erzwingen und des Guten nicht zu viel tun«. Er empfahl daher Bettruhe, viel Trinken und »wohlnährige Speisen, vom guten jungen Rindfleisch,

Kalb- und Lämmerfleisch, Trauben und Vögeln«, dazu »waich gesottene Ayer, gekochte Birnenschnitzen, Ruben, Spinet, Spargeln und Reis«. Er warnte allerdings davor, nach der Kur »in seine alten Laster zurückzufallen«.

Im 18. Jahrhundert ließ die Anziehungskraft der Überlinger Badekultur nach. 1802 verkaufte die Stadt das sanierungsbedürftige Bad, bald darauf wurde das Kapuzinerkloster aufgelassen, heute dient das Gebäude unter anderem als Theaterspielstätte. Aber die Weitsichtigen unter den Ratsherren erkannten in der Heilquelle eine Einnahmequelle, neben dem Weinbau und Kornhandel. Das etwas marode Bad, ab 1808 im Besitz von Josef Anton Ackermann, sollte daher um einen repräsentativen Neubau erweitert werden. 1824 wurden erste Pläne bekannt, 1825 war Baubeginn, drei Jahre später wurde das Bad Hotel eröffnet. Zur Aufhübschung der Anlage trug der Garten mit Trinkbrunnen bei, als Aussichtspunkt diente Einheimischen wie Gästen der Damm-Turm am See und der Galler-Turm. Ein neu gefasster Quellturm war der Öffentlichkeit von 1838 an zugänglich. Es war übrigens nicht der einzige Neubau in der Stadt, der sich dem »Tourismus« verdankte.

Die großartige Idee, auf die schwefelhaltige Mineralquelle zu setzen, hatte auch mit dem veränderten Freizeitverhalten der Menschen zu tun. Der Schweizer Albrecht von Haller hatte mit seinem Epoche machenden Gedicht »Die Alpen« (1729) die aufkeimende Lust auf die Natur gespeist. In Goethes Tragödie »Faust 1« (1808) wird dieses bewegende Faktum im »Osterspaziergang« der Bürger exemplarisch beschrieben: »Vom Eise befreit sind Strom und Bäche …«. Dazu kamen neue wissenschaftliche Erkenntnisse in Medizin und Chemie, was zur Folge hatte, dass selbst im abseits gelegenen Überlingen – ab 1825 wurde die Reichsstadt dreimal wöchentlich mit dem Dampfschiff angefahren, der Bahnanschluss erfolgte 1895 – diese Meldungen ankamen und weitere medizinische »Heilanzeigen« festgelegt wurden. Der Überlinger Stadtpfarrer und Dekan Johann Nepomuk Müller hatte in seinem segensreichen Buch »*Die Mineralquell- und Seebade-Anstalten in Ueberlingen am Bodensee, mit ihren Umgebungen*« (1860) auch das »schwache Geschlecht« als wichtige Zielgruppe im Auge: »Besonders interessant ist für Damen, daß unsere Mineralquelle jugendliche Frische verleiht, eine weiche, reine Haut, und Leichtigkeit in den Gliedern«.

DAS WASSER STÄRKT MAGEN UND GLIEDER
Über die Wirkung der Heilquelle respektive der Anwendungen darf spekuliert werden. Bei den Berichten spielte immer auch pecunia eine Rolle. Man denke hier auch an Davos. Der Sehnsuchtsort zog ab Mitte des 19. Jahrhunderts Tuberkulose-Erkrankte an, die sich von dem trockenen Gebirgsklima Heilung erhofften. Ein Mythos, wie sich bald zeigen sollte, zu dem Thomas Manns Roman »Der Zauberberg« (1924) beitrug. Die »Liegekur« ist Geschichte, aber sie machte das Bergdorf reich. Die Wasserstandsmeldungen von Dekan Müller steckten auch voller Versprechungen, die am Ende nicht eingelöst werden konnten: Das Wasser der

Heilquelle stärke Magen und Glieder, sie wirke gegen Gicht, Nierenbeschwerden, gegen chronische Hautausschläge, gegen allgemeine Entkräftung und selbst gegen zu reizbare Sensibilität und hysterische Zustände. Ins ähnliche Horn hatte 1836 schon der Konstanzer Medizinalrat Johann Nepomuk Sauter mit seiner »Beschreibung der Mineral-Quelle zu Ueberlingen am Bodensee, ihrer großen heilkräftigen Wirkungen, und der neuen großartig vorgenommenen Erweiterungen und zweckmäßigen Einrichtungen der ganzen Anstalt« geblasen.

Wir wissen: Der Glaube versetzt Berge. Auch in Überlingen. 1838, da stand das Bad Hotel bereits zehn Jahre, wurden 266 Kurgäste gezählt; 40 Jahre später immerhin 2000. Mit den mondänen und angesagten Weltbädern Baden-Baden oder Marienbad konnte (und wollte) die Stadt nicht mithalten. Aber mit dem zunehmenden Alpen- und Bodensee-Tourismus zunächst im Geist der Aufklärung traf auch in Überlingen sukzessive internationales Publikum ein. Die Stadt reagierte. Sie versprach ihren Gästen »höhere Genüsse edler Vergnügen und Freuden eines harmlosen und geglückten ländlichen Stillebens«. Es wurden Kahnpartien angeboten, Hasard-Spiele, Exkursionen für Pflanzen- und Mineralienfreunde, sonntägliche Tanzveranstaltungen, Lesegesellschaften in der Bibliothek und Konzerte. Auch mit der »staubfreien Luft« Überlingens wurde geworben.

Die erste Herberge der »höheren Ständen« war das Bad Hotel. Dort zierte bald ein aufwendig gerahmtes Schreiben einer »geheilten« Dame den Gang zu den

Badkabinetten: »Mit großer Freude und innigstem Dank verlasse ich dich, die liebe, theure Hilfsquelle, du hast mich von meinem traurigen Zustand befreit und wieder in den Stand gesetzt, mich meines Lebens zu freuen; möchten doch Alle, die an ähnlichen Umständen leiden, deinem hilfreichen Wasser Zutrauen schenken, es würde ihnen gewiß, so wie mir, geholfen werden. Ich werde es mir zur heiligsten Pflicht machen, meinen traurigen Zustand und deine schnelle Hilfe überall bekannt zu machen und dich bestens empfehlen und in Schutz nehmen bei Jedem, der sich untersteht, die Kraft deines Wasser zu verkleinern. Nochmals innigster Dank dir, liebe theure Hilfsquelle! – Frau Galusser, geborene Wild von St. Gallen«.

Details über ihren »traurigen Zustand« verrät Frau Gallusser, geborene Wild nicht. Es scheint fast so, als habe ihr weiland Johann Nepomuk Müller die Feder geführt. Der Dekan lobte nicht nur die Wirkung der Mineralquelle, sondern auch die landschaftliche Schönheit sowie das milde Klima am See und rief zum Vergleich die Hauptstadt der Cote d'Azur auf – »Es ist hier ein kleines Nizza, umgeben mit allen Reizen einer wunderschönen Natur«. Seit Müllers berühmten Satz gilt die nördliche Uferseite als »Riviera am Bodensee«. An der Authentizität des gerahmten Schreibens im Bad Hotel soll nicht gezweifelt werden. Gallusser ist, wie das Telefonbuch verrät, ein bis heute populärer Name in St. Gallen.

Das Bad Hotel rüstete nach der Eröffnung kräftig auf. Es verfügte über ein Seebad, später kamen zwei öffentliche »Seebadeanstalten« dazu, je eine für Män-

»ZURÜCKGELEHNT MEIST SCHAU ICH DEN WARMEN STÜRMISCHEN TAGEN ZU, DIE IM SOMMER ÜBER DEN SEE ZIEHEN.«

Aus *Heimatlob* von Martin Walser

ner und Frauen. Das Baden in offenen Gewässern galt bis ins 18. Jahrhundert gewissermaßen als unsittlich. Nachdem sich jedoch die Badekultur am Bodensee, um in der Region zu bleiben, als »Freizeitspaß« zu etablieren begann und die Moralapostel nach und nach verstummten, wurden sowohl die Bekleidungsvorschriften legerer, als auch die strenge Trennung nach Geschlechtern in den Badeanstalten gelockert.

Überlingen, aber auch Meersburg waren im 19. und 20. Jahrhundert Orte, die auch ein buntes intellektuelles Völkchen anzogen, Künstler, Philosophen und Schriftsteller. »Überlingen ist der schönste, größte und lieblichste Anblick in ganz Deutschland, mag er auch für den See zu groß und für ein Meer zu klein sein, wie Kritiker behaupten, die nie mit etwas zufrieden sind«, notierte der in adligen Diensten stehende Satiriker, Regierungs- und Hofrat Karl Julius Weber (1767 – 1832) in einem seiner zwischen 1818 und 1824 erschienenen Reisebücher. Ob der Mann, der verfügte, dass man an seinem Grab Zigarren rauchen und Purzelbaum schlagen sollte, auch einen Fuß in den See trat, ist unklar. Das Bad Hotel gab es zum Zeitpunkt seiner Reise nur auf dem Reißbrett. Das Hotel stand aber schon, als die Herrschaften Margraf Wilhelm von Baden und Gattin Elisabeth von Württemberg in den 1830er-Jahren in Überlingen kurten. Später folgten Großherzog Friedrich I. von Baden und – Josef Freiherr von Laßberg (1770 – 1855), ein Forstmann und Gelehrter, der 1838 die Burg Meersburg erwarb.

Von Laßberg war in zweiter Ehe mit Jenny von Droste zu Hülshoff verheiratet, Schwester der Münsteraner Dichterin Annette von Droste-Hülshoff, bekannt für ihre Novelle *Die Judenbuche* (1842). Die »Droste« lebte sieben Jahre in Meersburg und fand dort, nach eigenen Bekunden, ihre zweite Heimat. Dass sie Überlingen von eigener Anschauung her kannte, ist dokumentiert. Die Schwester und ihr Schwager absolvierten mindestens einmal im Jahr eine Kur im Badeort Überlingen, womöglich im Bad Hotel. Die unglücklich in den jungen Bibliothekar Levin Schücking verliebte Dichterin wohnte nach einem Aufenthalt auf der »Burg« ab 1843 im Meersburger »Fürstenhäusle«, das heute ein Museum ist. Schücking stand in den Diensten von Laßberg. Annette von Droste-Hülshoff schrieb im Übrigen unzählige literarische Hymnen auf den Bodensee und machte die Region auf diesem Weg für den Fremdenverkehr interessant. Einige Jahrzehnte später trieb es den Luxemburger Schriftsteller und Weltenbummler Norbert Jacques (1880–1954) in den Südwesten. Auch in Überlingen hinterließ er Spuren. Jacques, Autor des verfilmten Romans *Dr. Mabuse, der Spieler* (1920), schrieb auch Reiseberichte über den Bodensee, die in der *Frankfurter Zeitung* veröffentlicht wurden.

Annette von Droste-Hülshoff, 1838

Aber bleiben wir noch im 19. Jahrhundert. Auch der Pfarrer, Schulmann und Dichter Gustav Schwab (1792 – 1850) war oft und gern gesehener Kurgast in Überlingen, er zählte zum engen Freundeskreis von Laßberg. So ist es durchaus denkbar, dass er bei einem der Aufenthalte von der Überlieferung des Chronisten Jacob Reutlinger erfuhr, in der dieser über den Ritt des elsässischen Postvogts Andreas Egglisperger am 5. Januar 1573 über den zugefrorenen See zwischen Dingelsdorf

Norbert Jacques um 1925 in einem Gemälde von Waldemar Flaig

Nonnen auf dem vereisten See, der sogenannten Seegfrörne.
Das letzte Mal war der Bodensee im Winter 1962/63 komplett überfroren.

und Überlingen berichtet. Der Bericht inspirierte Schwab 1826 zu der Ballade *Der Reiter und der Bodensee*. Seit seiner ersten urkundlichen Erwähnung im Jahr 873 n.Chr. war der See 37-mal zugefroren, zuletzt 1963. Auch über die Vorzüge und Annehmlichkeiten der Stadt für Kur- und Badegäste hat Schwab geschrieben. Sein Buch veröffentlichte er 1827, vor Eröffnung des Bad Hotels.

Im Herbst 1806 kam der Dichter der Schwäbischen Romantik, Literaturwissenschaftler, Jurist und Politiker Ludwig Uhland (1787–1862) erstmals nach Überlingen. Es muss Liebe auf der ersten Blick gewesen sein. Denn in den nächsten Jahren folgten weitere Auf-

*Ludwig und Emilie
Uhland auf einer
Kalotypie von 1846*

enthalte. Selbst die Hochzeitsreise führte den Spross einer Tübinger Familie von »bürgerlich gelehrtem Zuschnitt« an den See. Uhland war – wie der 2023 verstorbene Schriftsteller Martin Walser, der mit seiner Familie 1969 ein Haus am See im Ortsteil Nussdorf bezog – ein begeisterter Schwimmer. Von ihm ist folgende Begebenheit aus dem Jahre 1861 überliefert: »Am ersten September wurde wieder die Reise an den Bodensee unternommen und trotz ziemlich kühlen Wetter badete Uhland im See. Er war sich so wenig weich, daß, als er einst morgens vergeblich an das Badhaus ging und dann Nachmittags der Badfrau Vorwürfe machte, daß er es verschlossen gefunden habe, diesem ihm erwiderte: ›Wer wird denn auch bei elf Grad im See baden und‹, setzte sie hinzu, ›vollends ein so alter Herr, wie Sie‹«. Er galt als sportlich, der Dichter.

Von Uhland, der ebenfalls mit Laßberg befreundet

war, gibt es keine dezidierte Beschreibung des Bad-Hotel – es wird aber vermutet, dass er dort residierte. Auch von Clara und Robert Schumann, Musikerpaar der Romantik schlechthin, das wohl Mitte des 19. Jahrhunderts im Hotel übernachtete, gibt es keine schriftlichen Zeugnisse. Allerdings wurde mehr als ein Jahrhundert darauf in der Leopold-Sophien-Bibliothek zufällig ein Notenblatt gefunden, das sich 2008 zweifelsfrei als Autograph Robert Schumanns erwies. Dafür hat sich der Historiker und Sigmaringer Hofrat Karl Theodor Zingeler (1845 – 1923) über das Hotel geäußert. Er zeigte sich bei einem Besuch im Jahre 1879 angetan: »Die Lage des Hotels ist sehr hübsch, der große geräumige und mit viel Sorgfalt gepflegte Garten geht bis an das Ufer des See, ja noch in den See hinaus, in dem ein zierlicher Pavillon, geziert mit den Wappenschildern der an den See grenzen Staaten schon im Wasser steht«. Tastsächlich hatte die Stadt bereits 1875 nördlich des Hotels einen Baumgarten anlegen lassen. Die Zedern, Riesenthuja, Lebensbäume und Ziersträucher im unteren sowie die Linden im oberen Garteilteil lieferte die Insel Mainau auf der anderen Seeseite. Ab 1895 schuf der Stadtgärtner Hermann Hoch dann die Grundlagen für das heutige Aussehen.

1895 war auch das Jahr, in dem Überlingen den überfälligen Bahnanschluss erhielt. Der Zug startete am 21. August in Konstanz und hielt zunächst in Radolfzell, wo Großherzog Friedrich I. von Baden zustieg. Auf der Weiterfahrt wurde ab Stahringen an allen Bahnstationen Halt gemacht und die jeweiligen Gemeindevertreter aufgenommen. In Überlingen ange-

Am 21. August 1895 besucht Großherzog Friederich I. von Baden aus Anlass der neu eröffneten Bahnstrecke von Stahringen nach Überlingen die Stadt

kommen, zog die Festgesellschaft vom Bahnhof durch das Stadtzentrum und anschließend zum Festessen ins Bad Hotel, wohin sonst. Für das Menü wurde eigens eine Speisekarte mit dem Stadtwappen und einer Ansicht des Westbahnhofs gedruckt. Das so geadelte Essen wurde mit einer Schildkrötensuppe eröffnet …

1901 wurde die Verlängerung der Bahnstrecke nach Friedrichshafen in zwei Tunnels unter die Stadt verlegt. Zu Spitzenzeiten waren damit 460 Arbeiter beschäftigt. Der Tunnelbau war Segen und Fluch zugleich. Denn durch die Röhre im Fels verlor die Mineralquelle ihre viel beschworenen heilenden Bestandteile und damit war die Tradition der Überlinger Heilquelle vor allem Legende. Allerdings blieb die Wassertherapie weiterhin im Angebot. Bereits 1892 hatte sich eine »Kneipp'sche Wasserheilanstalt« gegründet, die in den folgenden Jahren ausgebaut wurde.

Auch bildende Künstler entdeckten in Überlingen interessante Sujets für ihre Bilder. Eine kolorierte Aquatinta, wohl 1836 entstanden, zeigt das Bad Hotel mit Parkanlage und die Reste des ehemaligen Kapuzinerklosters. Der hiesige Lithograf Johann Nepomuk Bommer (1811–1854) fertigte in den 1840er-Jahren hübsche Ansichten von Stadt, Bad und Umgebung. Den künstlerischen Entwurf für ein erstes großflächiges Werbeplakat der Stadt schuf 1898 der Landschaftsmaler Anton Reckziegel (1865–1936), der zeitweise in Bern lebte. Über ihn heißt es in einem historischen Lexikon, dass er das schweizerische Tourismusplakat über zehn Jahre dominiert habe. Zwei andere Künstler, die zwischen 1903 und 1907 Überlingen besuchten und in Malerei festhielten, waren Gotthard Kuehl (1850–1915) und sein Schüler Ferdinand Dorsch (1875–1938).

Das Unternehmen Bad Hotel überstand in 200 Jahren Kriege und Krisen, den Übergang vom Großherzogtum Baden zur Republik Baden sowie andere politische und gesellschaftliche Umbrüche vergleichsweise unbeschadet, nicht zuletzt dank privater und Initiativen der Stadt. In den geordneten Regalen des Stadtarchivs lagern dicke Ordner mit Dokumenten, darunter Korrespondenzen, Protokolle, Statistiken, Zeitungsberichte und anderes mehr. Auch Kuriositas wurden archiviert: In einem Schreiben von 1925 fordert beispielsweise die Stadtverwaltung die Pächter auf, den Misthaufen vor dem Hotel bzw. Tennisplatz abzuführen. Gleichzeitig klagen Gäste über den Lärm auf der

Straße vor dem Hotel, über mangelnde Müllentsorgung oder veraltetes Interieur. Nicht in allen Stockwerken und Zimmern gab es Anfang des 20. Jahrhunderts warmes Wasser oder ein Bad; auch die Lichtverhältnisse ließen drinnen wie draußen zu wünschen übrig.

Der Rat der Stadt begann sich bald zu sorgen, dass das gehobene Publikum der Vorzeige-Lokalität untreu werden könnte. Nachdem die örtliche Zeitung respektlos von einem »alten Kasten« und dem »Schmerzenskind« Bad Hotel schrieb, wurde die Sanierung in Angriff genommen und Mitte des Jahres 1929 tatsächlich abgeschlossen. Bürgermeister Dr. Heinrich Emerich berichtete darüber in einer Bürgerausschussitzung – Emerich wurde übrigens nach der »Machtergreifung« durch die Nationalsozialisten 1933 aus dem Amt gedrängt und durch den braunen Bürgermeister Albert Spreng ersetzt.

Doch noch einmal zurück zur Chronologie. Am 14. September 1911, die Stadt suchte so dringend wie vergeblich einen Käufer für das Hotel, erreichte Karl May (1842 – 1912), Schöpfer der Romanhelden Winnetou und Old Shatterhand, Überlingen. Standesgemäß buchte er mit seiner Gattin Klara ein Zimmer im Bad Hotel. Im Unterschied zu seinen Schriftstellerkollegen war es nicht die Schönheit der Stadt und der Landschaft, die ihn an den See führte, sondern ein juristisches Verfahren vor dem Amtsgericht, das er gegen

Karl May mit seiner zweiten Ehefrau Klara im Jahre 1904

einen Journalisten und dessen in Hagnau lebenden Mitarbeiter angestrengt hatte. Der Journalist hatte mit diffamierenden Artikeln die Vorstrafen des Schriftstellers auszuschlachten versucht. Es war nicht die erste gerichtliche Auseinandersetzung zwischen den beiden, die am Ende zugunsten von May ausging. Der Schriftsteller, von Krankheiten gezeichnet, hat keine Prosa, kein Gedicht über seinen Aufenthalt hinterlassen. Aber es gibt Dokumente, die seinen Besuch in Überlingen belegen.

Auch Heinrich Mann (1871 – 1950) zeigte sich wortkarg. Der Schriftsteller erholte sich 1922 im Bad Hotel von einem lebensbedrohlichen Bronchialkatarrh mit Lungenkomplikationen. Seine erste Frau, die Schauspielerin Maria Kanova, begleitete ihn. Heinrich Mann

Postkarte von Heinrich Mann (kleines Foto) an seinen Bruder Thomas, 1922

sandte am 19. April eine Postkarte nach München an seinen Bruder Thomas und die Schwägerin Katia: »Hier sind wir, draußen lädt der Schnee zum Wintersport ein, wir lehnen ab. Sonst es ganz hübsch. Wir begrüßen Euch herzlich. Auf Wiedersehn!« Das wars.

SCHULZEIT IM SALEMER INTERNAT

Die Brüder Mann waren sich nicht immer grün. Sie hatten fundamental unterschiedliche Haltungen zu weltpolitischen Fragen. Aber jetzt näherten sie sich wieder an. Golo und Monika, Sohn und Tochter von Thomas und Katia Mann, verbrachten ihre Schulzeit in den 1920er-Jahren im nahen Salemer Internat. Mehr als nur einmal besuchten die Eltern ihre Sprösslinge. Dass sie im Bad Hotel logierten, ist nicht ausgeschlossen. Golo Mann erhielt übrigens 1987 den Bodensee-Literaturpreis der Stadt Überlingen für seine Essayistik.

Zum Zeitpunkt, als Heinrich Mann und seine Frau Maria in Überlingen kurten, soll der spätere Verleger Peter Suhrkamp (1891 – 1959) mit seiner Gattin Martha im Bad Hotel logiert haben. Darüber geben zwei an den in Gottlieben (Kanton Thurgau) lebenden Dichter Emanuel von Bodman vom 4. und 27. April 1922 Auskunft. Die in einem Sammelband von 2004 dokumentierten Briefe geben jedoch Rätsel auf: Peter Suhrkamp war 1922 am Landestheater Darmstadt angestellt, er wollte sich aber laut seines Schreibens verändern. Von der Insel Reichenau als möglichen Wohnsitz ist die Rede. Tatsächlich war Suhrkamp von 1919 – 1923 mit Irmgard Caroline Lehmann verheiratet und von 1922 – 1924 mit der Sängerin Fanny Cleve. Eine Martha habe es im Lie-

Peter Suhrkamp, 1922

besleben ihres Großvaters nicht gegeben, teilte seine Enkelin den Herausgebern der Anthologie *Überlingen literarisch* (2021) mit. Anfragen beim Suhrkamp-Verlag in Berlin sowie im Literaturarchiv Marbach a.N. führten demnach zu keiner Klärung der Sachlage. Wer Martha Suhrkamp wirklich war, das bleibt vorerst im Dunkeln. Eine Begegnung zwischen Suhrkamp und Heinrich Mann ist nicht belegt.

Belegt ist dagegen der Aufenthalt von Theodor W. Adorno (1903–1969) im Bad Hotel durch Briefe, die er zwischen 15. März und 20. Mai 1960 unter anderen an Max Horkheimer, Paul Celan, Siegfried Krakauer und an Siegfried Unseld vom Suhrkamp Verlag sandte. Unseld war Adornos und Martin Walsers Verleger. Daher machte er in Überlingen gerne Station, gelegentlich in der Klinik Buchinger, um abzuspecken. Übrigens war er, wie Walser, ein begeisterter Schwimmer. Voller Stolz erzählte er einmal im kleinen Kreis, dass er, von einem Boot begleitet, die Strecke zwischen Überlingen und Wallhausen (etwa vier Kilometer) schwimmend zurückgelegt habe.

Bei seinem Aufenthalt im Bad Hotel arbeitete der Frankfurter Philosoph, Soziologe und Komponist Adorno, der von einer Gesundheitskrise berichtet, an einem Buch über Gustav Mahler. Während der März-Tage in Überlingen wäre er beinahe von einem Auto überfahren worden. Adorno schreibt: »Der Fahrer war menschenwürdig. Ungutes Gefühl den ganzen Tag. Ging dann ins Hotel zurück, beendete mit größter Intensität mein letztes Kapitel. Der Schreck erfolgte erst, als ich fertig war. Die Nacht schlaflos …«.

Überlingen war im 20. Jahrhundert ein Zentrum der Literatur am Bodensee. In das Gästebuch der Stadt trugen sich nicht nur Heinrich Mann und Karl May ein, auch Hermann Hesse, der von 1904 – 1912 in Gaienhofen (Höri) lebte, Alfred Döblin, Lion Feuchtwanger, der am See heiratete, Werner Bergengrün, Hermann Kasack, Ernst Jünger, der zeitweise Überlingen zu seiner Heimat machte, die flattrige Tami Oelfken, Max Frisch, Christa Wolf, Arnold Stadler, in Rast bei Meßkirch zuhause, Christof Hamann, in Überlingen geboren, und viele andere mehr. Etliche von ihnen waren Gäste des Bad Hotels, ohne ihren Aufenthalt für die Nachwelt ausdrücklich zu dokumentieren. Sie hatten anderes im Sinn.

Andere Schriftsteller, Martin Walser oder Friedrich Georg Jünger lebten bis zu ihrem Tod in der Stadt und hinterließen bewundernswerte Liebeserklärungen an die Landschaft und ihre Bewohner. Der Eindruck täuscht aber nicht, dass diese verschriftlichte Form des *Heimatlob* selten und vielleicht sogar anachronistisch geworden ist. Wie oft Walser und Jünger das Bad Hotel, Veranstaltungen im angeschlossenen Kursaal besuchten und dabei selbst im Mittelpunkt standen, darüber gibt es keine Statistik. Von Walser wissen wir, dass er seinen 90. Geburtstag in der »Rotunde« des Hotels feierte. Und was sein sportliches Seeleben angeht: In der warmen Jahreszeit stieg er, den See vor der Haustüre, regelmäßig ins Wasser; im höheren Alter knüpfte er eine Trillerpfeife an die Badekappe, um Alarm zu schlagen, falls die Kraft doch nachlassen sollte. Es ist anzunehmen, dass die »auswärtigen« Empfänger des Bodensee-Literaturpreises der Stadt, der seit 1954 im Kursaal überreicht wird im Bad Hotel nächtigten, im Geiste mit Uhland, mit Mann, May, Adorno und allen anderen hommes de lettres verbunden.

Das Überlinger Traditionshaus, mit Park und Blick auf den See, seit 2012 in privater Hand, begrüßt seine Gäste heute als Ferien- und Businesshotel, familien- und (!) hundefreundlich. Der *Connaisseur Circle*, Marktführer unter den Reisemagazinen im deutschsprachigen Raum, hat das Vier-Sterne-Hotel plus mit »76 komfortabel ausgestatteten Hotelzimmern in historischen Gemäuern«, in den Kategorien »Guest check« mit dem ersten Platz und mit dem Titel eines »der besten Hotels am Wasser« geehrt. Damit würdigt das Magazin Gastgeber und Angestellte gleichermaßen, die mit viel Leidenschaft »für unvergessliche Urlaubs- und Erlebnismomente sorgen«. So geht Marketing heute, lieber Johann Nepomuk Müller. Und so geht das gute alte neue Bad Hotel in das dritte Jahrhundert. – Gratulation!

KLEINES PÄCHTER-
UND BESITZER ALLERLEI

Noch vor der Fertigstellung des Bad Hotel im Jahre 1828 stirbt der Investor JOSEPH ANTON ACKERMANN. Seine Witwe beendet zwar den Bau, doch auch sie erliegt 1832 einer Krankheit. Aus der Konkursmasse der Erben kommt das Haus wiederum an die Stadt Überlingen, die es 1836 an HEINRICH VON KIESOW und EDUARD SCHUSTER veräußert. Die neuen Besitzer vergrößern und verschönern das alte sowie das neue Bad und vereinigen die beiden Gebäude zu dem heutigen Hotel mit einheitlicher Fassade.

Nach dem Tod von Schuster 1847 steht das Bad Hotel zunächst leer. 1851 greift die Stadt erneut zu und verpachtet bzw. verkauft das Hotel mitsamt den Kuranlagen an verschiedene Bieter, darunter ist auch HERMANN WÜRTH. Das angrenzende »Warmbad« wird von ihm geplant und baulich umgesetzt. Das Bad erfährt eine Nutzung als Kneipp- und Kuranstalt.

SIEGMUND
KOPITZKI

Ein Blick in den Park des Bad Hotel, links im Bild der denkmalgeschützte Kursaal

Im beginnenden 20. Jahrhundert erweist sich das Ehepaar ANNA UND BRUNO HAMMER als Glücksfall für Überlingen und das Hotel. Es übernimmt das Hotel 1907, immer besorgt um das Niveau, wie zahlreiche Briefwechsel mit der Stadt belegen. Hammer stirbt 1932, seine Frau bleibt dem Haus zunächst treu, gibt aber 1937 aus Altersgründen den Stab an den Bad Kissinger Hotelier WALTER SCHMITT weiter.

Schmitt ist weder bei der Verwaltung noch beim Hotelpersonal beliebt. Als die französische Besatzungsmacht 1945 das Bad Hotel beschlagnahmt, macht er eine komplett überzogene »Selbstkostenrechnung« auf und sorgt damit beim provisorischen Bürgermeister Karl Löhle für Verärgerung. Im Februar 1948 wird der Pachtvertrag gekündigt. Interessant dazu die Notiz, die an Schmitt erging: »Darüberhinaus steht immerhin fest, dass Sie das Badhotel damals nur erhalten haben, weil sie und Ihre Ehefrau der NSDAP angehörten«.

Nach dem Abzug der französischen Besatzer wird das Bad Hotel wieder neu verpachtet. Aber es fehlt an Kontinuität und Professionalität. 2012 kaufen schließlich WOLFGANG SCHEIDTWEILER aus Pforzheim mit dem Überlinger WILLI BERCHTOLD das sanierungsbedürftige Haus, um daraus ein »Schmückkästchen« zu machen. Der 1953 erbaute, unter Denkmalschutz stehende Kursaal in der Nachbarschaft wird inzwischen vom Bad Hotel betreut.

104

DRESDNER IMPRESSIONISTEN IN ÜBERLINGEN

MICHAEL
BRUNNER
Von 1903 bis 1910 verbrachten zwei prominente Malerpersönlichkeiten gemeinsam mehrere lange Sommeraufenthalte im Bad Hotel: Gotthardt Kuehl (1850 – 1915) und sein einstiger Schüler Ferdinand Dorsch (1875 – 1938).

Gotthardt Kuehl zählt zu den bedeutendsten deutschen Impressionisten und war in der Vorkriegszeit der einflussreichste und bekannteste Dresdner Maler. In den deutschen Kunstzeitschriften jener Jahre und in allen großen Ausstellungen war Kuehl omnipräsent. Man vergisst heute, dass die 1905 gegründetc junge Dresdner Künstlergruppe »Brücke« bis zu ihrer Auflösung (1913 in Berlin) nur auf geringe Beachtung im allgemeinen Kunstbetrieb stieß und damals auch in Dresden von der breiten Öffentlichkeit nicht wirklich wahrgenommen wurde. Kuehl hingegen war in jenen Jahren der meistzitierte Protagonist unter den Malern in Sachsen.

Gotthardt Kuehl lebte und arbeitete von 1878 – 1889 überwiegend in Paris und entwickelte sich dort zu einem bekennenden Anhänger impressionistischer Malerei – in einer Zeit, als die neue antiakademische Malerei noch vergeblich um allgemeine Anerkennung rang. Gleichwohl schaffte es der wortgewandte Kuehl bereits 1895, eine Professorenstelle an der Dresdner Kunstakademie dauerhaft zu bekleiden. Dort wurde er zum Lehrer der Oberklasse und Leiter des neu gegrün-

Ferdinand Dorsch – Bildnis des Malers Gotthardt Kuehl im Alter von 55 Jahren, 1905

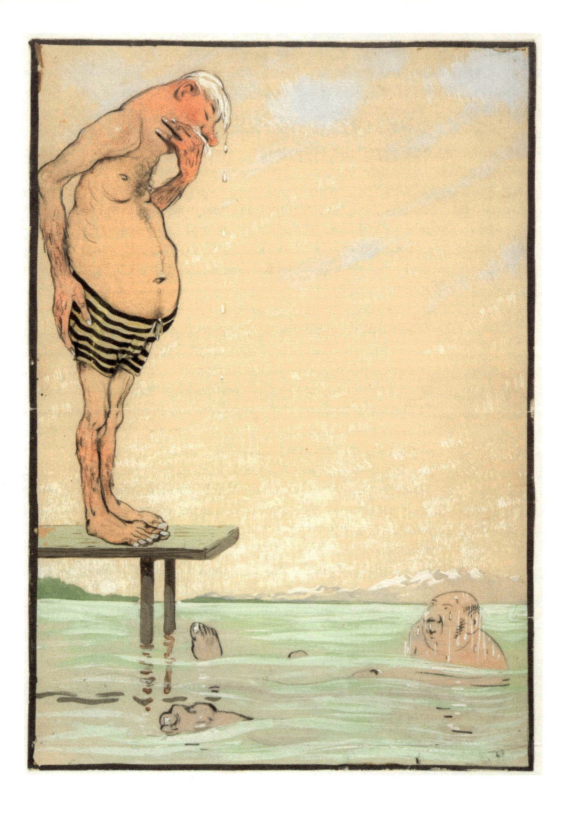

106

deten Ateliers für Genremalerei berufen. Allerdings wurde ihm sein »französischer« Malstil bis zu seinem Tod 1915 immer wieder vorgeworfen.

Ferdinand Dorsch war von 1895 – 1898 Meisterschüler bei Gotthardt Kuehl an der Dresdner Kunstakademie. Es entwickelte sich eine lebenslange Freundschaft zwischen den beiden Künstlern. Dorsch gründete 1902 gemeinsam mit Gotthardt Kuehl die Dresdner Künstlervereinigung »Elbier«. 1909 war Dorsch Gründungsmitglied der Künstlervereinigung Dresden. Von 1906 – 1921 wirkte er als Vorstandsmitglied des Sächsischen Kunstvereins. Insgesamt 24 Jahre lang, von 1914 bis zu seinem Tod 1938, lehrte Dorsch als Professor an der Dresdner Kunstakademie. Zu seinen Schülern zählten zeitweise auch Otto Dix und Franz Lenk. 1915 war Dorsch einer der Grabredner des an einer Lungenentzündung verstorbenen Kuehl.

Warum sich der gebürtige Lübecker Kuehl und der Wahldresdner Dorsch entschieden, ihre Sommermonate am Bodensee und nicht an der Ostsee wie zahlreiche andere Künstlerkollegen zu verbringen, ist nicht überliefert. Aus einer erhaltenen Karikatur von 1910 mag man erahnen, dass die Wahl ihres regelmäßigen Reiseziels an der Dresdner Kunstakadamie für Gesprächsstoff und amüsante Kommentare sorgte.

Kuehl und Dorsch kamen jedenfalls nicht nur zum Kuren und Baden nach Überlingen, sie malten fleißig. Zahlreiche Gemälde, Zeichnungen, Aquarelle und Gouachen entstanden in Überlingen, die wiederholt in Ausstellungen gezeigt wurden und heute verstreut in

Georg Erler – Karikatur von Gotthardt Kuehl und Ferdinand Dorsch am Bodensee, 1910

Museen (vor allem in Dresden, aber auch in Göteborg) und Privatsammlungen verwahrt werden.

Zwischen 1903 und 1907 porträtierte Dorsch seinen 25 Jahre älteren Lehrer mehrfach; Kuehl hingegen hatte kein großes Interesse am Porträtieren. Eines der erhaltenen Bildnisse von Dorsch zeigt Kuehl im Sommer 1905 im Überlinger Badgarten. Das frontale und betont nahsichtige Bildnis, ein Dreiviertelporträt en face, ist eine eindrückliche Mischung aus Standesporträt und Freundschaftsbildnis. Kuehl schuf in Überlingen auffallend zahlreiche, auch großformatige Kircheninterieurs, die stets abgewandelte Impressionen aus dem Überlinger Münster, aus der Franziskanerkirche und der nahe gelegenen Klosterkirche Birnau zeigen. Die Bilder sind alles andere als konventionell illustrierende Ansichten. Sie inszenieren die Kirchenschiffe und Detailansichten aus unterschiedlichen Perspektiven und in wechselnden Lichtsituationen, zumeist ohne Staffagefiguren, gelegentlich auch mit figürlichen Motiven wie Kommunionskinder oder Klosterschwestern. Dem Maler ging es meist um sich auflösende Konturen und das wechselnde Spiel der Farben im warmen Sommerlicht, das ihn auch in den Kirchenräumen interessierte.

»Diese Aufenthalte (in Überlingen) gelten vor allem für seine späten Werke als maßgeblich«, schrieb der Kunsthistoriker Jasper Warzecha 2022 über Kuehl. Ein ähnliches Werturteil war bereits im Jahr 1918 gefällt worden, nur drei Jahre nach Kuehls Tod: »Zur Erlangung der hohen künstlerischen Vollendung der Werke der Dresdner Zeit hat der wiederholte Aufenthalt

Gotthardt Kuehl –
Das Innere der
Franziskanerkirche
Überlingen, 1907

Ferdinand Dorsch: Der Speisesaal des Bad Hotels, 1907

Kuehls während der Sommermonate in Überlingen am
Bodensee beigetragen. Die Ausstellung (1917 im Sächsischen Kunstverein Dresden) enthielt allein 20 Bilder
mit Motiven aus Überlingen, von denen »Große Diele«
(1904), »Grünes Tor« (1906), »Alte Treppe im Bauern-
haus« (1906), »Alter grüner Laden« (1906), »Diele mit
roten Geranien« (1906) und sechs Bilder aus der dortigen Franziskanerkirche zum Besten gehören, was

110

Kuehl gemalt hat«, schrieb der Kunstkritiker Georg Minde-Pouet. Zahlreiche der damals ausgestellten Werke sind heute verschollen.

Von Ferdinand Dorsch sind nur sehr wenige Bildwerke erhalten, die in Bezug zu Überlingen stehen. Von besonderem Interesse ist sein Leinwandgemälde von 1907, das den großen Speisesaal des Bad Hotels ebenso stimmungsvoll wie detailorientiert dokumentiert. Das Gemälde befand sich in den 1980er-Jahren im Besitz einer Münchner Galerie, seit zwei Jahrzehnten (Stand 2024) wird es in einer Überlinger Privatsammlung verwahrt. Ganz im Sinn der französischen Impressionisten zeigt das Bild eine Momentaufnahme des modernen Lebens: den genussreichen Müßiggang im Urlaub, die sommerliche Lichtstimmung, die gedeckte und üppig mit Blumen dekorierte lange Tafel, eine Bedienstete bei der Arbeit und die Vorfreude der festlich gekleideten Kurgäste auf das Essen.

Der Überlinger Restaurator Viktor Mezger junior äußerte 1985 in einem Gespräch mit der Kunsthistorikerin Sabine Born, dass noch mindestens eine weitere vergleichbare gemalte Innenansicht von Dorsch existiert habe. Es ist daher möglich, dass in naher oder ferner Zukunft weitere, bisher noch unbekannte Bilder von Gotthardt Kuehl und Ferdinand Dorsch aus ihrer Überlinger Zeit im Kunsthandel und auf Auktionen auftauchen werden.

112

SIEGFRIED LAUTERWASSER – HANDWERKER DER FOTOGRAFIE

ULRIKE
NIEDERHOFER

Über die deutschen Landesgrenzen berühmt wurde der Überlinger Fotograf Siegfried Lauterwasser vor allem durch seine Fotos des Dirigenten Herbert von Karajan, den er, als sein persönlicher Fotograf, ab 1962 viele Jahre um die ganze Welt begleitete. Es ist überliefert, dass Karajan hingerissen von Lauterwasser war, da er es verstand, durch sein Wissen über Musik und Porträt genau den Moment einzufangen, wo Mienenspiel und Gestik des Dirigenten mit der Musik eins waren. Außerdem war Lauterwasser bekannt dafür, dass er nicht auffiel und sehr diskret und ruhig seiner Arbeit am Set nachging, was dem exzentrischen Maestro gefiel. Meist während des »Crescendo«, dem lautesten Moment, drückte er auf den Auslöser, sodass die Musiker gar nicht mitbekamen, dass er schon fotografiert hatte.

Kennengelernt hatte Siegfried Lauterwasser Herbert von Karajan über die Brüder Wolfgang und Wieland Wagner, Enkel von Richard Wagner, die häufig in Nussdorf in ihrem Hause Urlaub machten. Gemein war ihnen die Liebe zur Musik und zur Fotografie, sodass sie Lauterwasser nach dem Krieg einluden, die Bayreuther Festspiele fotografisch zu begleiten.

Siegfried Lauterwasser sah sich als »Handwerker« in der Fotografie. Er war technikaffin und plante seine Aufnahmen bis ins letzte Detail. Nichts wurde dem Zufall überlassen, der Stand der Sonne berechnet, seine Kameras aufgebaut und auf den »richtigen« Moment

Siegfried Lauterwasser nach dem Zweiten Weltkrieg am damaligen Sandstrand bei Überlingen

gewartet. War das »Subjekt« jedoch erst einmal da, wurde Lauterwasser zum Kommunikator und konnte so eine unbeschwerte Atmosphäre herstellen, welche die Natürlichkeit der Fotos enorm verbesserte. Die Abgelichteten merkten nicht einmal mehr, wann sie aufgenommen wurden.

Für die Stadt Überlingen sind es hauptsächlich die Impressionen rund um den See und die stimmungsvollen Fotos der Überlinger Fasnacht die Siegfried Lauterwasser zu einem der bekanntesten Männer der Stadt gemacht haben. Als passionierter Segler lichtete er das markante Stadtbild in vielen Fotos vom Wasser aus ab, fing die besondere Atmosphäre der Uferpromenade und der Badekultur ein und widmete sich vor allem auch den kulturellen Brauchtümern wie dem Schwertletanz und dem Hänselejuck. Viele seiner Fotografien wurden für Werbeprospekte und das damalige »Stadtmarketing« genutzt und waren deshalb keine Schnappschüsse, sondern inszenierte Imageaufnahmen, für die er oft Modelle nutzte, die er aus dem Umfeld seiner Familie rekrutierte.

Nach dem Krieg und den entbehrungsreichen Jahren danach musste sich die Stadt wieder nach außen präsentieren, um sich als gehobener Kur- und Badeort am See zu profilieren und die nötigen Sommergäste anzulocken. Hier war Siegfried Lauterwasser gefragt und er trug durch seine Fotos viel dazu bei, dieses Image in die Welt zu tragen.

Neben der optischen Chronistentätigkeit war es aber vor allem die künstlerische Fotografie, die ihn interessierte. 1951 gründete er mit dem Lindauer Foto-

Sommerfrische in den 1950er-Jahren an der Uferpromenade in Überlingen

grafen Toni Schneiders und weiteren Fotografen die Gruppe fotoform, die einen »Freiraum« für Fotografie suchten, die sich befreien wollten von den Auftragsarbeiten während des Krieges und der angespannten Nachkriegszeit. Auch »subjektive« Fotografie genannt, nahmen sie das Spiel mit dem Licht, dem Ausschnitt, der Perspektive und Experimente in der Dunkelkammer in ihren Fokus und ebneten damit den Weg zur Fotografie als Kunstform. So widmete sich Siegfried Lauterwasser in vielen Bildern den Spiegelungen und Reflektionen im Wasser, der abstrakten Schönheit von Formen und Strukturen der Natur und der Ausblendung von allem Unwesentlichen.

Siegfried Lauterwasser liebte Kontraste, das Schilfgras, das sich als Vertikale gen Himmel reckt und die Waagerechte des am Horizont liegenden Bodanrück ausbalanciert. Oder die dunkle Wolke, die sich vor die Sonne schiebt und dadurch sowohl im Wasser als Reflektion, als auch am Himmel den Kontrast von Hell und Dunkel kreiert. Die Uferlinie, die von unten nach rechts mittig ausklingt und somit Bewegung und Tiefe ins Bild bringt. Die Komposition, das Licht, Nähe und Ferne, dunkel und hell ist immer ausgewogen und harmonisch in seinen Fotografien und führt zu dieser besonderen atmosphärischen Verdichtung.

Die Miteigentümer des Bad Hotels, die Eheleute Andrea und Wolfgang Scheidtweiler, ließen es sich deshalb auch nicht nehmen, bei der Renovierung 2013 nicht nur die »Imageaufnahmen«, sondern auch die anderen wunderbaren Impressionen des Außen an die Wände des Innen zu bringen und somit das Außen in das Haus hinein zu holen. So zieren 100 × 70 cm große Fotos des im Jahre 2000 in seiner Heimatstadt verstorbenen Fotografen die Flure und viele kleine Gästezimmer des Hotels. Wenn man heute diese Fotos anschaut, dann erwecken sie einen Hauch Nostalgie und begründen damit auch die lange Tradition des Hotels. Ein wenig Glamour, aber auch der Reiz eines Seebads in der Mitte des 20. Jahrhunderts sind in den Fotos eingefangen und zeigen ausschließlich in Schwarz/Weiß Eindrücke aus der damaligen Zeit.

Die imposante Fassade des Bad Hotels am Westeingang der Stadt ist ein häufiges Motiv. Ob der Blick aus dem Cabrio auf die Ostfassade, vom Wasser aus auf die Hauptfassade oder aus der Luft, das Hotel als wichtiger Blickfang im Panorama der Stadt ist ein besonderer Fokus für die Kamera. Aber auch die Umgebung und die Einbettung des Hotels zwischen den damals noch bestehenden Badeanstalten oder dem noch nicht gebauten Kurhaus sind historische Dokumente, fotografiert vom Vater Alexander Lauterwasser, welche die schon immer vorhandene enge Verknüpfung des Hotels mit dem umliegenden städtischen Raum belegen.

Mit dem Cabriolet direkt vors Bad Hotel

Lauterwassers Fotos leben vom starken Schwarz-Weiß-Kontrast, von den Spiegelungen der Wolken im Wasser des Sees, von sogenannten Fluchtlinien, die stark in die Tiefe der Fotos einführen oder vom rahmenden Beiwerk wie von Ästen und einer ausgewogenen Komposition. Das einzigartige »Mittelmeerflair« am Ufer des Bodensees mit Palmen und Lichterketten, mit sonnenbadenden Menschen in Liegestühlen oder Paaren beim leichten Mittagessen im Schatten der Platanen wird mit seiner »Hasselblad« festgehalten. Aber auch junge Frauen mit hochgerafften Kleidern beim Kneippen oder ausgerüstet mit Badekappe und Badeanzug vor dem Wasserskifahren sollen Lust machen auf den See, auf Wassersport und Vergnügen. Der Kneipp- und Badeort Überlingen soll attraktiver gemacht werden für Menschen, die in den späten 1950er-Jahren wieder Geld in der Tasche haben, um sich einen Urlaub am schönen Bodensee zu leisten. Dazu tragen die Aufnahmen bei und auch das Bad Hotel profitiert von diesen Fotos. Damals als Lockmittel für Touristen, heute als Schmuck an den Wänden der Flure und Zimmer, welche eine Zeitreise ermöglichen und dennoch im Heute zu finden sind.

Stillleben am See. Das Foto lebt vom starken Schwarz-Weiß-Kontrast.

Ein Blick in die Lobby des Bad Hotels

ZU GAST AM SEE

SUSANNE
KLINGENSTEIN

Wer im Bad Hotel wohnt, muss sich auf den See einlassen, auf sein Wetter, seine Launen, seine Leute. Anders geht es nicht. Es gibt Hotels, die sind dazu da, Reisende vor der Stadt zu schützen. Das Adlon in Berlin, das Baur au Lac in Zürich, The Pierre in Manhattan, der Frankfurter Hof in der Metropole am Main präsentieren sich als Luxushöhlen, in die sich Gäste vor der Stadt flüchten. Portes cochères, rote Teppiche, livrierte Garde vor schweren Türen am Ende kleiner Treppenaufstiege leiten die Aristokraten auf Zeit in glänzende Marmorhallen, wo Gepäck und Kreditkarte diskret entgegengenommen werden; man weiß kaum von wem, so glatt geht alles. Dann ist man gerettet vor Wetter, Bettlern und Verkehr. Doch wer im Bad Hotel einzieht, bekommt schnell mit, dass er in einer dünnen Hülle wohnt, durch die die alten Bäume des Kurgartens und der gleißende See dahinter den Gast fast fordernd nach draußen winken, auch im Winter. Man ist in diesem Hotel immer auf Augenhöhe mit der Außenwelt. Das muss man in Kauf nehmen. Vergleichbar ist es darin vielleicht dem Excelsior Hotel Ernst in Köln: Wer dort sein Zimmer betritt, wird beim Blick durch die Fenster vom Dom überwältigt.

Ganz so aggressiv ist die göttliche Schöpfung in Überlingen nicht. Sie gestattet dem Bad Hotel, sich als Domizil zu behaupten und als erstes Haus am Platz zu gerieren. Gebaut wurde es im frühen neunzehnten Jahrhundert, aber dem Gefühl nach ist es eher eine aristokratisch-städtische Residenz. Sie ähnelt Goethes Haus am Weimarer Frauenplan: ein Kasten mit geometrisch klarer, unprätentiöser Fassade, der sich in dem alten Straßenverlauf der Stadt einfügt und doch als Solitär hervorsticht, sattgelb in Weimar, blasslila in Überlingen, passend zum üppigen Blauregen, der die untere Etage auf der Westseite zum See hin einrahmt.

Für Goethe war der große Garten hinter dem Haus am Frauenplan von immenser Bedeutung – zuerst als botanisches Experimentierfeld, dann als essentielle Quelle für Gemüse und Beeren. Aus seinem Nachdenken über die therapeutische Funktion von Gärtnerei und Gartenarchitektur, über die intime Verbindung von Körper und Geist, Mensch und Kosmos entstand 1809 sein tiefster Roman, *Die Wahlverwandschaften*, als Abschied von der Antike und dem aristokratischen achtzehnten Jahrhundert. Die Zukunft gehörte der Neurasthenie, dem Leiden am Stress des industriellen Zeitalters. Man fuhr zur Kur, trank aus mineralischen Heilquellen in Orten, die sich Bad nannten, erging sich in ihren Kurgärten. Das Bad Hotel entstand aus diesem Impuls sieben Jahre vor Goethes Tod. Sein Kurgarten liegt wie einst Goethes Garten, aber auch die Gärten großer Schlösser (Versailles zum Beispiel), hinter dem Haus für das private Ergehen der Besitzer und ihrer Gäste. So verleiht das kleine, zwischen Hotel und See gelegene Stück Land, teils alter englischer Garten, teils biedermeierlich geputzt, dem Bad Hotel ein wenig Schlossdimension.

Es hätte Goethe amüsiert zu wissen, dass auf dem Terrain des Kurgartens einmal ein Kapuzinerkloster stand. Auf einem Stich in Matthäus Merians *Topographia Sveviae* (1643) ist die Anlage mit ihrem zum See hin gelegenen Garten gut zu sehen. In Klostergärten wurden neben Obst und Gemüse vor allem Heilpflanzen angebaut, denn die medizinische Versorgung lag in Mittelalter und Renaissance auch in den Händen von Mönchen und Nonnen, Mittler zwischen irdischer und himmlischer Existenz, die Gebete und Kräuter gleichermaßen therapeutisch einsetzten. Im Zuge der Säkularisierung nach Napoleons Eroberungszug verschwanden die Klöster. An ihre Stelle traten Kurbäder, Krankenhäuser, und der Glaube an die Wissenschaft. In Überlingen ist die Verbindung zum religiösen Urgrund architektonisch noch ganz präsent, denn die südöstliche Schmalseite des Hotels liegt der ehemaligen Kapuzinerkirche gegenüber. Hier befand sich auch einmal der Haupteingang des Hotels. Im Jahr 1809 wurde das Gebäude der Kirche vom hocharistokratischen Haus Baden an einen Gastwirt verkauft, der darin eine Badeanstalt mit Gastwirtschaft einrichtete. Es war die richtige Idee, doch im falschen Gemäuer. Man scheute sich wohl, in einer aufgelassenen Kirche, zahlender Badegast zu sein. Das Gebäude verkam zur »Badscheuer«, Abstellraum für allerlei Gerät und die ärmere Klientel des Bad Hotels.

Als Neoplatonist kam Goethe ohne Kirchen aus, doch Martin Walser, der bis zu seinem Tod im Juli 2023 in Nussdorf bei Überlingen wohnte, skizzierte in seinem großen Schwaben-Bodensee-Roman *Muttersohn* (2011), was passiert, wenn aus Klöstern psychiatrische Landeskrankenhäuser werden. Dann erheben wir ein

Sehnsuchtsgeschrei nach Erlösung aus unserer tristesse. Am See ist sie zu haben, und nirgendwo befreiender als in Gärten am See. Wer dem Lockruf des Kurgartens folgt, das Bad Hotel durch die Hintertür zum See hin verlässt und dem Uferweg nach Süden folgt, mag das nun an einem glitzernden Sommertag sein oder wenn Januarnebel zauberhaft den See besänftigt, der kommt nach fünf Minuten an Martin Walser vorbei – als Karikatur eines Bodenseereiters auf Peter Lenks Brunnen. Der steinerne Walser zu Pferd und mit Schlittschuhen versehen, strebt von der Stadt weg und auf Nussdorf zu, wo der echte Walser am See wohnte: Man betrat sein Haus (wie das Bad Hotel) von der Straße her quasi durch die Hintertür, durchschritt das Treppenhaus, und gelangte in einen großen Raum mit breiter Fensterfront, dahinter ein eichenbestandener Garten, der steil zum See hinab führte.

Ganz Überlingen ist zum See hin ausgerichtet. Doch wie Erlösung geht, zeigt das Haus der Häuser, die barocke Klosterkirche Birnau, in deren Schatten Walser jahrzehntelang wohnte und schrieb. Sinnlich rosa und erhaben bekrönt sie den höchsten der steilen Hänge am See. Er ist mit Reben bepflanzt. Doch war hier einmal eine große Freitreppe geplant, auf der die Pilger, vom See her aufsteigend, sich Maria wie auf einer Heilstreppe nähern konnten. Je höher sie stiegen, desto mehr würde ihnen offenbart. Auf halbem Weg sähen sie den kleinen Balkon mit Marias Initialen, doch erst wenn sie die Hügelkante erreicht hätten, sähen sie auch das von ihm überwölbte, eher bescheidene Portal. Durch diese Öffnung im Mantel der Kirche

Der Überlinger Schriftsteller Martin Walser als »unerschrockener Bodenseereiter«

traten die Pilger in karges Vestibül und sodann in einen weiten weißen Himmelsraum, an dessen Ende sie das goldene Gnadenbild der nun von ihrem Sohn entbundenen Mutter Gottes empfinge. Ein großartig inszenierter Aufstieg vom See in den Himmel. Der Haken: Man muss dem See den Rücken kehren, um christlich erlöst zu werden, denn der See ist letztlich doch die Domäne Saturns, des antiken Gottes der Zeit, der Fülle, der Gärten und der Landwirtschaft. Seine Herrschaft wurde in der Antike als Goldenes Zeitalter bezeichnet und vom aufsteigenden Christentum durch das Paradiesversprechen begraben. Wer in den christlichen Himmel gelangen will, das fordert die Birnau, muss im Erlösungsaufstieg dem See, der Natur, der Welt Saturns und seiner Macht den Rücken kehren.

Wenn die Kapuzinermönche in den 1620er-Jahren von ihrem Konventionsgebäude, an dessen Stelle heute das Bad Hotel steht, über ihren Klostergarten auf den See sahen, blickten sie nach Westen in die untergehende Sonne; doch am anderen Ende der Stadt, blickten die Pilger in ihrem Aufstieg zur Birnau nach Osten in die aufgehende Sonne. Zwischen diesen beiden Polen wohnte und schrieb Martin Walser, dessen zauberhaftes Werk *Heimatlob* neben der Bibel in jedem Hotelzimmer liegen müsste: »Zurückgelehnt meist schau ich den warmen stürmischen Tagen zu, die im Sommer über den See ziehen. Ich schaue dem Wetter zu. Eine Stunde lang. Sieben Eichen stehen dem Wetter bzw. mir zur Verfügung. Vom See her laufen die Winde durch die Blätter. Eine Fülle von Bewegung, die nicht von der Stelle kommt ... Das ist vielleicht das Befriedigende, Zeitvertreibende, Hinreißende, Allesvernichtende: das Erlebnis der puren Notwendigkeit. Nicht zu vergessen das Rauschen. Das der Bäume, das des Sees. Dann regnet es. Die Tropfen platzen deutlich auf die Blätter und führen in dieses ereignislose Geschehen so etwas wie einen Rhythmus ein bzw. Zeit. Und schon zählst du mit.«

Wer im Bad Hotel am Fenster steht, teilt diesen Blick auf Bäume und See. Doch das Warten auf ›besseres‹ Wetter ist schon ein elementares Erleben des Sees. Und das genau meine ich mit der dünnen Hülle des Hotels. Es herrscht Transparenz zwischen außen und innen. Man ist am Fenster stehend der Spannung zwischen Natur und Zivilisation, Saturn und Kirche, Zauber und Gebet und dem zeitenthobenen See als Bewegung ausgesetzt.

Allerdings hat das Hotel auch ein Innenleben. Es ist darauf ausgerichtet, dem Melancholiker Saturn durch Vernunft Paroli zu bieten. Es herrschen Übersichtlichkeit, Geradlinigkeit und Klarheit, Indizien der Aufrichtigkeit der Hotelbesitzer, die ich schon 2014 kennenlernen durfte. Man fährt mit einem gläsernen Aufzug durch ein schnörkelloses Treppenhaus in die oberen drei Stockwerke. Wo immer möglich wurden die Wände entfernt und tragendes Gebälk exponiert. Vom Aufzug aus betritt man auf jeder Etage die Mitte eines langen Korridors, der mit einem angenehm weichen tomatenroten Teppich ausgelegt ist. Im Verein mit dem hellbraunen Gebälk und den sehr hellen Wänden entsteht ein angenehmer Dreiklang, modern und weich zugleich. Das setzt sich in den Zimmern fort, die an der

Längsseite nebeneinander liegen, mit Fenstern zum See oder zur Stadt. Auch in den Suiten ist das Gebälk exponiert und schafft so transparente Räumlichkeiten, die dazu auffordern, das Hotel als Architektur des frühen neunzehnten Jahrhunderts wahrzunehmen.

Damit sind natürlich auch Einschränkungen verbunden. Im einundzwanzigsten Jahrhundert werden Hotels anders gebaut. Aber man ist nicht nur wegen des Hotels als Herberge hier, sondern weil es in Überlingen und in die Bodenseekultur eingebunden ist. Diesen Gedanken greifen auch die Wanddekorationen der Zimmer auf. Wenn man Glück hat, hängt in einem Hotelzimmer eine gute Grafik, ein erträgliches Aquarell, ein Poster, das nicht auf die Nerven geht. Im Bad Hotel hängen erstklassige Fotografien des Überlingers Siegfried Lauterwasser (1913 – 2000), der noch immer als Porträtist Herbert von Karajans berühmt ist. Er war Bühnenfotograf der Bayreuther Festspiele und seine Aufnahmen von Solisten klassischer Musik zierten die Covers der Platten und CDs der Deutschen Grammophon Gesellschaft. Doch sein persönlichstes und künstlerisch originellstes Werk sind die lichtbewegten Bilder vom Bodensee, von denen eine große Auswahl die Zimmer und Flure des Bad Hotels schmücken, kühle schwarzweiß Fotos, die vergangenes Leben herauf- und hereinholen.

Zum Lokalkolorit trägt auch die Küche bei, die auf delikate Weise sowohl seegebunden als auch schwäbisch ist. Man kann an windstillen Sommertagen auf der Terrasse speisen unter Sonnenschirmen mit Blick auf den See und die Kapuzinerkirche oder mit Blick auf

Blick auf den Überlinger See aus einem Zimmer der Villa Seeburg

Martin Walser 2014 im Kursaal des Bad Hotels

den See und den Kursaal, ein Rundbau aus Glas aus den Fünfzigerjahren, der inzwischen als architektonisches Meisterwerk denkmalgeschützt ist. Schon lange sind Kursaal und Bad Hotel symbiotisch miteinander verbunden. Bei großen Veranstaltungen liefert das Hotel nicht nur die Gastronomie, sondern bietet auch Unterkünfte für Angereiste, etwa zur jährlichen Verleihung des Bodensee-Literaturpreises, und die Möglichkeit, bei besten Weinen abends noch lange zu plaudern.

Zu den großen Ereignissen gehörte im September 2014 ein Auftritt von Martin Walser im Kursaal. Walser hatte es jahrelang aus Prinzip vermieden, in Überlingen aufzutreten. Er wollte kein Stadtdichter sein und auch den Lenk-Brunnen mit seiner Karikatur nicht offiziell passieren müssen. Dann tat er es 2014 doch zur Feier des jiddischen Schriftstellers Scholem Jankew

Kursaal und Bad Hotel

Abramowitsch (1835 – 1917), der wie Walser ein Schriftsteller mit tief religiös-regionalen Wurzeln war. Weil
sie beide ihre Pappenheimer bis in die tiefsten Nischen
ihrer Geldbeutel und Herzkammern kannten, wurde
aus ihrer regionalen Gesellschaftskritik national be-
deutende Literatur. 750 Menschen kamen am 15. September 2014 in den Kursaal, um Walsers Ausführungen
über seinen jiddischen Dichterkollegen zuzuhören und
seine Heimkehr nach Überlingen zu feiern. Ich trug
auch meine fünf Pfennige zu diesem Abend bei, zusammen mit Claude Klein, einem Professor für öffent-
liches Recht in Jerusalem, dessen Muttersprache noch
das elsässische Jiddisch war, und dem Journalisten
Siegmund Kopitzki, der den Abend moderierte. Es war
aber eindeutig Martin Walser, der den Saal mit seiner
Deklamationskunst und seiner Liebeserklärung für
Abramowitschs Romanwerk beherrschte. Vor der Ver-

»WER EINMAL DAGEWESEN IST, MACHT ES SICH ZUR ZWEITEN HEIMAT.«

anstaltung hatte man in kleinster Runde am See zusammengesessen, während die Sonne hinter den westlichen Hügeln versank und den Seen mit Gold überzog. Danach stand man in der Schwärze der lauen Nacht noch in Grüppchen zusammen unter den Platanen des Kurparks.

Es war eine Platane, unter der Phaidros und Sokrates sich am Ufer des Illissos vor den Mauern Athens niederließen. An diesem locus amoenus entwickelte Sokrates die Lehre von der göttlichen Begeisterung und ihrer letzten, nämlich erotischen Stufe. Martin Walser entwickelte in seinen besten Romanen die Idee der Liebe als Quelle des literarischen Rauschs, am deutlichsten in seinem Goethe-Roman *Ein liebender Mann* (2008). Doch jenen Septemberabend beschloss Walser nicht im Gespräch unter den Platanen des Kurparks, sondern beim Wein in der von Heiterkeit erfüllten Rotunde des Hotels.

An jenem Septemberabend wohnte ich zum ersten Mal als Gast im Bad Hotel, und seither immer wieder. Wer einmal dagewesen ist, macht es sich zur zweiten Heimat in einer Heimat, deren Lob Martin Walser sang: »Unsere Hügel sind harmlos. Der See ist ein Freund. Der Himmel glänzt vor Gunst. Wir sind in tausend Jahren keinmal kühn. Unsere sanften Wege führen überall hin. Wir schmeicheln uns weiter und wecken jede Stelle mit einem Kuss. Kirschen, Äpfel, Trauben und Birnen reichen sich glänzend herum. Zwischen wachsamen Heiligen lachen wir laut. Die Luft ist süß von Geschichte, von Durchdachtheit klar. Der Föhn malt auf Goldgrund die Nähe der Unendlichkeit.« Bei Sonnenuntergang am Fenster stehend wird man aufgenommen in diese Unendlichkeit.

Platanen im Kurpark

Villa Seeburg und Badturm gehören zum Bad Hotel

ZEITMARKEN DER HOTELGESCHICHTE
EINE CHRONIK

1825/1828 | *Geplant und erbaut von Joseph Anton Ackermann. Der Überlinger Gerbermeister ist bereits Pächter und ab 1825 Besitzer der Bade-anstalt. Er lässt die angrenzenden Klosterbauten abreißen, die Kirche bleibt aber stehen, die Überlinger geben ihr den wenig schmeichelhaften Namen »Badscheuer«.*

1828 | *Der visionäre Bauherr stirbt noch vor Vollendung seines Lebens-werks. Das Hotel wird durch die Stadt Überlingen fertiggestellt. Ackermanns Frau übernimmt zunächst das Hotel, musste aber 1832 aufgeben. Die Stadt erwirbt das Hotel, zu dem auch ein Garten gehört.*

1836 | *Die Stadt gibt das Bad Hotel an die beiden Investoren Heinrich von Kiesow und Eduard Schuster weiter. Die neuen Besitzer vereinigen die beiden Gebäude zu dem heutigen Hotel mit einheitlicher Fassade.*

1851 | *Nach dem Tod von Schuster 1847 steht das Hotel zunächst leer. 1851 greift die Stadt erneut zu und verpachtet bzw. verkauft es mitsamt den Kuranlagen in der Folge an verschiedene Bieter, darunter ist auch Hermann Würth.*

1892 | Das an das Bad Hotel angrenzende »Warmbad« wird von Würth geplant und baulich umgesetzt. Das Bad erfährt eine Nutzung als Kneipp- und Kuranstalt. 1955 erhält Überlingen das staatlich anerkannte Prädikat »Kneipppheilbad«.

1895 | Überlingen erhält den Bahnanschluss. Der Zug startete am 21. August in Konstanz und hält zunächst in Radolfzell, wo Großherzog Friedrich I von Baden zusteigt. In Überlingen angekommen, zog die Festgesellschaft vom Bahnhof durch das Stadtzentrum und anschließend zum Festessen ins Bad Hotel. Für das Menü wird eigens eine Speisekarte mit dem Stadtwappen und einer Ansicht des Westbahnhofs gedruckt.

1905/1907 | Das Bad Hotel erhielt im Westen einen zweigeschossigen Erweiterungsbau, der als Warm- und Brausebad diente. Das Ehepaar Anna und Bruno Hammer übernahm das Hotel 1907, immer besorgt um das Niveau. Hammer starb 1932, seine Frau blieb dem Haus treu, gab aber 1937 aus Altersgründen auf.

1937 | Der Bad Kissinger Hotelier Walter Schmitt führte das Hotel mit seiner Frau. Das Ehepaar war Mitglied der NSDAP und wie Dokumente im Stadtarchiv zeigen, weder beim Hotelpersonal noch bei der Verwaltung beliebt.

1945/1948 | Die französische Besatzungsmacht beschlagnahmt das Bad Hotel, die Offiziere beziehen große Teile des Gebäudes. Nach Unstimmigkeiten zwischen der Stadt und Schmitt wird dem Pächter gekündigt.

1953 | *Erbauung des Kursaals durch die Stadt Überlingen. Das Gebäude, unmittelbar am See gelegen, steht inzwischen unter Denkmalschutz. In den 1990er-Jahren wurde es aufwendig renoviert und erweitert, ohne das Markante der Architektur zu verändern. Der Kursaal wird vom Bad Hotel verwaltet.*

1992 | *Die Stadt Überlingen pachtet die 1907 im Jugendstil erbaute Villa Seeburg, die unter anderem als Pension diente, und vertraut seither die Bewirtschaftung und Pflege des Hauses dem Pächter bzw. Besitzer des Bad Hotels Überlingen.*

2012 | *Nach dem Abzug der Franzosen wird das Bad Hotel neu verpachtet. Aber es fehlt an Kontinuität. 2012 kaufte Wolfgang Scheidtweiler aus Pforzheim mit dem Co-Investor Willi Berchtold aus Überlingen das sanierungsbedürftige Haus, um daraus ein »Schmuckkästchen« zu machen.*

2013 | *Aufwendige Renovierung. Das Hotel bietet drei Etagen mit je 16 Zimmern und einen Aufzug. Auf der ersten und zweiten Etage befindet sich unter den 16 Zimmern jeweils eine Junior Suite. Der Park mit Sitzgelegenheiten lädt zum Spaziergang ein, die angrenzende Sonnenterrasse des Bad Hotels zum Verweilen.*

2015 | Renovierung und Ausbau der von Hermann Würth erbauten Kneipp und Kuranstalt zu Gästezimmern. Der Name des Gebäudes »Warmbad« wurde von der vorherigen Nutzung abgeleitet. Das Warmbad verfügt über zwei Etagen, in denen sich Tagungsräume und Zimmer befinden, darunter eine Junior Suite.

2021 | Umbau und Sanierung der Villa Seeburg. Im Keller entstehen Wellness- und Fitnessräume. Nach dem Umbau umfasst die Seeburg 15 Premium Doppelzimmer, davon zwei luxuriöse Seesuiten für bis zu sechs Personen. Der Bad Turm (Teil der alten Stadtmauer) grenzt an die Terrasse der Villa Seeburg und verfügt über eine Wendeltreppe sowie drei übereinanderliegende Zimmer mit Seeblick.

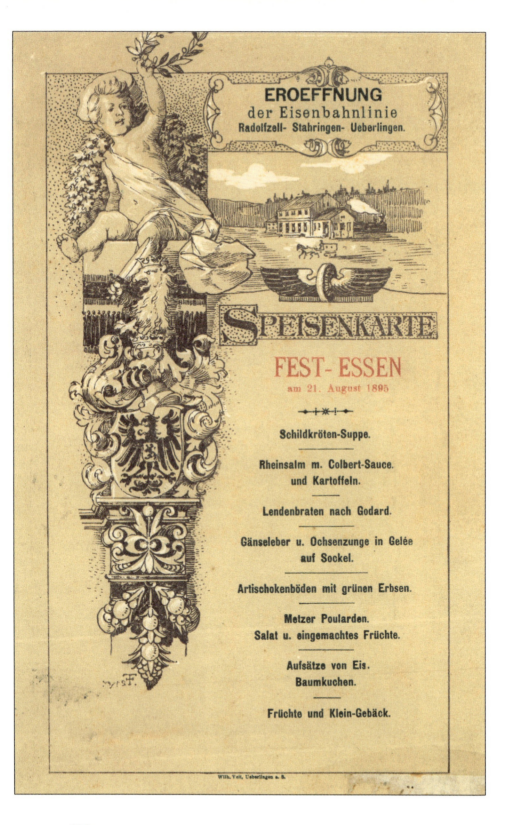

EROEFFNUNG
der Eisenbahnlinie
Radolfzell- Stahringen- Ueberlingen.

SPEISENKARTE

FEST- ESSEN
am 21. August 1895

◆━✳━◆

Schildkröten-Suppe.

**Rheinsalm m. Colbert-Sauce.
und Kartoffeln.**

Lendenbraten nach Godard.

**Gänseleber u. Ochsenzunge in Gelée
auf Sockel.**

Artischokenböden mit grünen Erbsen.

**Metzer Poularden.
Salat u. eingemachtes Früchte.**

**Aufsätze von Eis.
Baumkuchen.**

Früchte und Klein-Gebäck.

Wilh. Veit, Ueberlingen a. S.

FISCH UND VÖGEL

SUSANNE
KLINGENSTEIN

Als in Deutschland noch hoher Adel verköstigt werden musste, glaubte man, sowohl Überfluss als auch Exotisches bieten zu müssen. Zur Eröffnung des ersten Abschnitts der heiß ersehnten Bodenseegürtelbahn am 21. August 1895 erschien auch Seine Königliche Hoheit Großherzog Friedrich I. von Baden. In Radolfzell stieg er zu, in Überlingen an der heutigen Station »Therme« wieder aus und schritt (darf man annehmen) als Teil der Festgesellschaft, nein nicht geradewegs zur Tafel, sondern zunächst durch die Stadt zur Bezirks-Gewerbe-Ausstellung in der Turn- und Festhalle bei den Seeschulen und erst dann ins nahgelegenen Bad Hotel. Die Speisekarte des achtgängigen Festmenüs blieb im Stadtarchiv erhalten: Schildkrötensuppe, Salm, Lendenbraten, Gänseleber und Ochsenzunge, Artischockenböden, Poularden, Baumkuchen und Eis, Obst und Gebäck.

Man empfindet die Völlerei heute als obszön. Man wüsste gern, was der knapp siebzigjährige Großherzog, ein liberaler, weltoffener Mann, davon hielt, dass in seiner Suppe feingewürfelte Teile eines schon damals vom Aussterben bedrohten Reptils schwammen. Immerhin war der Salm aus dem Rhein, der den Bodensee bei Konstanz verlässt und bis kurz nach Mannheim die Westgrenze des Großherzogtums Baden bildete. Doch die Poularden, feingenährte, geschlechtsreife aber noch ungedeckte Hühner, mussten aus Metz sein. Sonst ist der französische Nachbar eher in der Na-

*Die Speisenkarte
des Bad Hotels
zur Eröffnung
der Bahnlinie
im August 1895*

mensgebung als in der Substanz präsent, und wer die Fettleber der gestopften Gänse nicht mochte, konnte auf die regional beliebte Ochsenzunge ausweichen. Immerhin erklärt das Menü einen Ausdruck, der bei uns zuhause für ein opulentes Mahl gängig war.

»Was hets zum Ässe gä?«
»No, Fisch un Föggel«

Regional, lokal, nachhaltig sind heute die Leitmotive der Küche des Bad Hotels. Die Fische des Bodensees von der Äsche bis zum Zander, der allerdings erst 1880 im Bodensee eingebürgert wurde, gelten im langen, zweihälftigen zwanzigsten Jahrhundert zuerst als notwendige Volksernährung, dann als Delikatessen: Felchen, Hecht, Kretzer, Renken, Saibling, Seeforelle, Trüsche, Wels. Man hat Regionalkenntnis, wenn man weiß, dass es das Felchen in drei Varianten gibt, Blaufelchen, Sandfelchen und Gangfische, die unterschiedliche Habitate bewohnen, und dass der Kretzer (ein wehrhafter Barsch) unter dem netteren Schweizerischen Namen Egli auf Speisekarten erscheint. Der »Weller«, dessen große Leber einmal sehr geschätzt wurde, erscheint schon lange nicht mehr auf Überlinger Speisekarten. Im amerikanischen Süden hingegen gehört der »catfish« mit frittierten Maismehlknödeln und pikanter Remoulade zu den kulinarischen Rennern.

Im Bad Hotel kommt als Fisch auf den Tisch, was den Fischern in der Nacht in die Netze ging. Tausende von gefräßigen Kormoranen machen ihnen seit Jahren massiv Konkurrenz. Aus Sicht des Sees stehen die tafelnden Touristen, deren Erscheinen zu Hunderttausenden im Jahr zuerst die Bodenseegürtelbahn ermöglichte (22 Millionen Gästeübernachtungen waren es 2023), den Kormoranen im Fischverzehr in nichts nach. Darum wurde 2024 für die Felchen eine Schonzeit von drei Jahren verordnet. Das erwies sich als Chance für die Kreativität der Köche, die nun auswichen auf Friedfische wie Karpfen und Rotauge, die etwa gebeizt oder in Fischmaultaschen auf die Teller gelangen.

Noch gibt es im Bad Hotel an den meisten Tagen Saibling- oder Zanderfilets rösch gebraten, innen butterzart, dazu Salate von der Reichenau; oder Saibling gefüllt mit Walnüssen, Ziegenkäse und Honig, begleitet von einem hiesigen gut gekühlten fast spritzigen Müller-Thurgau. Man tut gut daran, sich im Bad Hotel an die Tageskarte zu halten, denn sie reflektiert die Einkäufe des Morgens: ab Mai Steinpilze, ab Juni Pfifferlinge. Später, wenn die Weinlese da ist und man beginnt, an Rehrücken und Wildenten zu denken, gäbe es im Prinzip Herbsttrompeten und Schopftintlinge, und zwischen November und Januar den nussigen Austernpilz, der auf dem Totholz in den umliegenden Wäldern wächst. Doch so stark ist die Liebe zum Regionalen im Bad Hotel noch nicht, dass Wanderer ihre Pilzsammlungen in der Hotel-Küche abliefern dürften, um sie für sich zubereiten zu lassen. Und zu ähnlich ist wohl auch der zweifelhafte Muschelseitling dem Austernpilz. Gastronomisches Roulette ist noch nicht Teil des Angebots.

REGIONALE WURZELN UND MEDITERRAN

Was im Bad Hotel an Fisch und Vögeln, Gemüse, Obst und Wein auf den Tisch kommt, hat meist regionale Wurzeln und wird badisch, schwäbisch oder ungewöhnlich zubereitet. Wer denkt schon an Ziegenkäse im Fisch? Nach Süden ist die Küche offen. Es gibt mediterrane Einschläge, allerdings nicht beim Wein, der lokal oder französisch ist. Nur in dieser kleinen Verbeugung vor dem linksrheinischen Nachbarn ist vom Festmenü des Jahres 1895 ein Schatten geblieben. Man tafelt gut im Bad Hotel, und tut es im Einklang mit der umliegenden Landschaft und ohne den See zu erschöpfen.

Man tafelt gut im Bad Hotel, und tut es im Einklang mit der umliegenden Landschaft und ohne den See zu erschöpfen

»IM BAD HOTEL
KOMMT ALS FISCH
AUF DEN TISCH,
WAS DEN FISCHERN
IN DER NACHT IN
DIE NETZE GING.«

Abendstimmung an der Uferpromenade mit Mantelhafen

WOHIN GEHT DIE REISE?

JÜRGEN
JANKOWIAK

Seit dem frühen 19. Jahrhundert öffnete sich Überlingen schrittweise dem Tourismus. Eine eigene Heilquelle lockte Kurgäste von weit her und der 1857 entstandene Landungsplatz war ein repräsentativer »Empfangsraum« für mit dem Dampfschiff ankommende Gäste. Nachdem die Seepromenade aufgeschüttet, Spazierwege in den Stadtgräben und der weithin bekannte Stadtgarten 1875 angelegt worden waren, gewann Überlingen immer mehr an Bedeutung als Kur- und Tourismusort.

Doch die Weltkriege verschonten auch Überlingen nicht, ein Zeugnis dieser Zeit ist beispielsweise der Goldbacher Stollen. Im 20. Jahrhundert entwickelte sich Überlingen zu einem literarischen Zentrum von überregionaler Ausstrahlung. 1993 wurde Überlingen zur Großen Kreisstadt erhoben. Mit der 2003 eröffneten Bodensee-Therme hat die Stadt ihren Ruf als touristisches Zentrum am Bodensee ausgebaut und konnte mit der Landesgartenschau 2021 (LGS) ihre Attraktivität weiter steigern.

Die LGS war für Überlingen das größte Zukunftsprojekt für Jahrzehnte. Die Stadt hat ihre Chance genutzt, städtebauliche und ökologische Mängel zu beseitigen und ihre Identität und Standortqualität im Bodenseeraum weiter zu verbessern. Mit der Landesgartenschau erhielt die Stadt Überlingen attraktive Freiräume, allen voran den sechs Hektar großen Uferpark. Die Villengärten, die Rosenobelgärten und die

Das Münster St. Nikolaus ist ein Wahrzeichen Überlingens

Der Uferpark im Westen der Stadt ist durch die Landesgartenschau entstanden

Menzinger Gärten wurden gestalterisch aufgewertet und bleiben einer breiten Öffentlichkeit dauerhaft zugänglich. Durch die LGS mit ihren rund 700.000 Besuchern hat Überlingen eine Steigerung seines Bekanntheitsgrades erfahren. Ferner haben unter anderem die Villengärten und der Uferpark zur weiteren Profilierung Überlingens als die Garten- und Gesundheitsstadt am Bodensee beigetragen und die Stadt für Erholungssuchende noch attraktiver gemacht. Insbesondere Einzelhandel, Gastronomie und Hotels konnten von den zahlreichen Gästen profitieren, die ohne die LGS nicht in der großen Zahl gekommen wären. Sowohl als Wohn-, aber auch als Wirtschaftsstandort hat Überlingen weiter an Attraktivität gewonnen.

Die touristischen Vorzüge des heutigen Überlingens lassen sich insbesondere durch vier Aspekte charakterisieren:

> Gärten: Der Standort ist geprägt von einer hohen Dichte und wahrnehmbaren Qualität an Grün- und Gartenanlagen, nicht zuletzt auch als Resultat der Landesgartenschau 2021. Diese ziehen sich durch den gesamten Stadtbereich und laden Besucher zum

Die »Greth« ist heute ein modernes Geschäftshaus mit historischem Flair

Verweilen ein. Gleichzeitig leisten diese vor dem Hintergrund eines sich erwärmenden Klimas einen wirksamen Beitrag zur Regulation des städtischen Mikroklimas.

> Flanieren: Die städtebauliche Situation in der Altstadt führt zum Vorhandensein einer Vielzahl kleinerer Wegebeziehungen und Verbindungsachsen, die sich rund um die drei zentralen Ost-West-Verbindungen erstrecken. Diese kompakte Gestaltung in Verbindung mit zentralen Platzlagen lädt sowohl zum bewussten Flanieren im attraktiv gestalteten Altstadtbereich mit kleinteiligen, individuellen Handelsangeboten ein als auch dazu, sich als Besucher in diesem »treiben zu lassen«.

> Erlebnis Wasser: Als Standort mit einer ausgeprägten blauen Infrastruktur besticht die Altstadt mit unterschiedlichen Elementen im Bereich »Erlebnis Wasser«. Allen voran zu nennen ist dabei der Bodensee, der aufgrund der Hanglage Überlingens von vielen Standpunkten im Altstadtbereich einsehbar ist, etwa von den Menzinger Gärten aus. Gleichwohl bestehen auch über den Bodensee hinaus Angebote im

Bereich der blauen Infrastruktur, die zu einer attraktiven Wahrnehmung Überlingens beitragen.

> Aufenthaltsqualität: Die Kombination aus grüner und blauer Infrastruktur, der Flaniercharakter der Altstadt sowie attraktive gestalterische Elemente im Altstadtbereich bedingen eine grundsätzlich hohe Aufenthaltsqualität in Überlingen.

Somit bietet die Stadt sowohl touristischen Besuchern als auch der eigenen Bevölkerung eine Vielfalt an funktionierenden Inhalten und Angeboten. Besonders prägend ist die Kompetenz im Gesundheitsbereich – ein Themenfeld mit weiterem Potenzial, vor dem Hintergrund eines zunehmenden gesellschaftlichen Gesundheitsbewusstseins.

HOTELLERIE IN ÜBERLINGEN
Bei den Reisemotiven der Überlinger Übernachtungsgäste überwiegen vorrangig Ferien und Gesundheit als Besuchsanlässe, während Geschäftsreisen und der Tagungstourismus eine geringere Rolle spielen. Die Gästestruktur zeigt eine Konzentration auf das Inland mit Schwerpunkt auf den Bundesländern Baden-Württemberg, Bayern und Nordrhein-Westfalen. Nur etwa 14 Prozent der Übernachtungen stammen von Gästen aus dem Ausland, davon wiederum sind etwa 40 Prozent aus der Schweiz. Das Angebot bei den Unterkünften konzentriert sich auf die Hotellerie (37 Betriebe mit rund 1.600 Betten), Ferienwohnungen (493 Betriebe mit rund 2.300 Betten) und die Kliniken (fünf Betriebe mit rund 500 Betten). Während in den letzten Jahren

Das Bad Hotel stellte seinen Gästen eigene Gepäckaufkleber für die Reise zur Verfügung

die Anzahl der Betten im gewerblichen Bereich, also auch in der Hotellerie, stagnierte, wurde bei den Ferienwohnungen ein stetiger Zuwachs registriert. Insgesamt sind in Überlingen rund 5.100 Gästebetten verfügbar.

Die Stärken der Hotellerie liegen nach einer Analyse in der Individualität des Beherbergungsangebots (überwiegend mittelständische und familiengeführte Betriebe), einem vielfältigen Angebot in der Alt- und Kernstadt mit kurzen Distanzen zu Sehenswürdigkeiten und Schiffen sowie einigen ansprechenden Hotels, auch mit gesundheitstouristischer Ausrichtung, sowie Tagungsangeboten. Schwächen werden darin gesehen, dass es keine Marken- oder Kettenhotels gibt, die meist nur geringe Zimmeranzahl (kaum Unterkünfte mit geeigneten Kapazitäten für größere Reisegruppen) und das Fehlen von themenorientierten Hotels.

TOURISTISCHE NACHFRAGE

Im Jahr 2023 wurden nach den Zahlen der Gästemeldestelle der Stadt Überlingen rund 696.500 Übernachtungen registriert. Dies war ein Zuwachs von etwa 3,3 Prozent (22.000 Übernachtungen) gegenüber 2022 und von rund 7,8 Prozent (50.500 Übernachtungen) gegenüber 2019. Es wurden ca. 171.000 Ankünfte erfasst, so dass die durchschnittliche Aufenthaltsdauer leicht gesunken ist auf etwa 4,1 Tage (2022: 4,2 Tage). Auf die Hotellerie entfielen rund 254.000 Übernachtungen bei etwa 95.000 Ankünften.

Beim Blick auf das Reisegebiet Bodensee zeigt sich, dass nach den Daten des Statistischen Landesamtes (erfasst werden nur Beherbergungsbetriebe ab 10 Betten) bei den Übernachtungen ein Plus von 6,0 Prozent zu 2022 und von 5,6 Prozent zu 2019 verzeichnet wurde. Bei der Übernachtungsnachfrage lag Überlingen am deutschen Bodenseeufer weiterhin auf dem vierten Platz nach Konstanz, Lindau und Friedrichshafen.

PERSPEKTIVEN

Das Kompetenzzentrum Tourismus des Bundes fasst die aktuellen Trends und Herausforderungen für Betriebe und Destinationen wie folgt zusammen:

› Digitalisierung & Innovation: Immer mehr Reisende setzen bei ihrem Urlaub oder der Geschäftsreise ein digitales Angebot und eine digitale Begleitung von der Buchung bis zur Rückkehr in die eigenen vier Wände voraus. Wegen des erhöhten Informationsbedürfnisses sind digitale Echtzeitinformationen sowohl eine Selbstverständlichkeit als auch eine permanente Herausforderung. Für das Bemühen um exzellente Kundenbindung und Gästemanagement in möglichst allen Stufen des Reiseprozesses war im Tourismus stets der Mensch zuständig. Dies wird grundsätzlich auch so bleiben, wobei digitale Instrumente zusätzlichen Service ermöglichen.

› Nachhaltigkeit & Klima: Die Corona-Pandemie hat das Bewusstsein für Nachhaltigkeit innerhalb der Gesellschaft weiter geschärft. Diese Entwicklung beeinflusst auch den Tourismus. Allerdings kann trotz steigendem Bewusstsein nicht davon ausgegangen

Von Überlingen aus legen zahlreiche Schiffe zu Rund- und Ausflugsfahrten ab

werden, dass sich auch das Verhalten der Kunden sofort ändern wird. Für die touristischen Betriebe bedeutet das, dass sie weiterhin nachhaltige Angebote schaffen und vor allem transparent kommunizieren müssen. Nachhaltiger Tourismus ist ein Qualitätsmerkmal, dessen Vorteile vereinfacht kommuniziert werden müssen.

> Wirtschaftlichkeit & Betriebsfähigkeit: Als Folge der coronabedingten Betriebsschließungen haben zahlreiche Angestellte ihre Tätigkeit im Tourismus aufgeben müssen oder freiwillig aufgegeben. Gleichzeitig wird das Gewinnen neuer Fachkräfte durch das Image der Arbeitsbedingungen in der Tourismusbranche in Kombination mit den Folgen der Pandemie erschwert. Personal muss im Rahmen der Revitalisierung wieder für den Tourismus gewonnen, neue Arbeitskräfte müssen ausgebildet werden. Die Betriebe bekommen die Auswirkungen des Fach-

kräftemangels deutlich zu spüren. Der Arbeitgeber Tourismus braucht einen Imagewandel, der sich an den Bedürfnissen potenzieller Arbeitnehmer orientiert. Zudem stellen die stark gestiegenen Energie- und Erzeugerkosten eine weitere Herausforderung für den Tourismus dar.

Auch vor dem Hintergrund dieser Herausforderungen und Trends bildet das im Jahr 2023 erarbeitete Strategiekonzept Tourismus und Stadtmarketing Überlingen 2030 die Grundlage für die konkrete weitere Ausrichtung der Arbeit im Stadtmarketing und Tourismus.

Ziel ist es, durch eine noch stärkere Fokussierung auf profilschärfende Kernthemen einen Beitrag zur Herausarbeitung sicht- und erlebbarer Alleinstellungs-

Der Uferpromenade geben eine jahreszeitlich wechselnde Bepflanzung und Palmen ihren mediterranen Charakter

merkmale zu leisten, vor allem in Bezug auf das regionale Wettbewerbsumfeld. Besonders prägend für Überlingen ist die Kompetenz im Gesundheitsbereich, wobei verstärkt Besucher mit einer vor allem intrinsischen (aus eigenem Antrieb) Motivation für das Thema Gesundheit angesprochen werden sollen. Charakteristisch für Überlingen ist zudem eine ausgeprägte Verweil- und Aufenthaltsqualität, wobei es gilt, diesen Status Quo zu halten und gegebenenfalls weiterzuentwickeln. Die touristische Saison fokussiert sich besonders auf die Sommermonate und hat in diesen auch eine hohe Intensität. Angestrebt werden soll daher eine Entzerrung der Saison, wozu die Ausarbeitung alternativer Angebote und eine intensivere Ansprache zusätzlicher und neuer Zielgruppen beiträgt.

Auf Grundlage der Analyse- und Beteiligungsformate wurde eine künftige Positionierung für Überlingen erarbeitet, die bewusst eine Fokussierung auf wenige aussagekräftige Themen zum Ziel hatte. Ergebnis der ausgearbeiteten Positionierung für das künftige Stadt- und Tourismusmarketing ist ein übergeordnetes Querschnittsthema (Gesundheit), welches von drei weiteren Kernthemen flankiert wird: Stadt am See, Regionalität erleben und Grüne Oasen. Zu betonen ist, dass beispielsweise auch Aspekte wie Kultur oder auch Sport weiterhin wichtige Elemente des Freizeitstandorts Überlingen sind. Diese sind zwar nicht als eigene Kernthemen genannt, werden in diese aber als inhaltliche Angebote integriert.

Um das künftige Stadt- und Tourismusmarketing Überlingens mit einer konkreten Bespielung anzureichern, wurden Projekte und Maßnahmen abgeleitet. Im Sinne einer Ideensammlung wurden Maßnahmenvorschläge zusammengestellt, die nach und nach hinsichtlich ihrer Relevanz sowie ihrer Umsetzbarkeit in den nächsten Jahren geprüft werden. Hierbei finden Instrumente der Digitalisierung und Nachhaltigkeit entsprechende Berücksichtigung. Daher ist es bei den Marketingmaßnahmen neben der systematischen Weiterentwicklung der Printmedien das Ziel, das Online-Angebot, auch im Bereich der Sozialen Medien, beständig fortzuentwickeln und an die aktuellen technischen Erfordernisse und Ansprüche der Nutzer anzupassen. Die gezielte Ausrichtung im Bereich Nachhaltigkeit mit Erarbeitung und Umsetzung von entsprechenden Maßnahmen wird in enger Zusammenarbeit mit dem Netzwerk »Echt Nachhaltig« der Deutschen Bodensee Tourismus GmbH (DBT) weiter vorangetrieben.

Idyllisches Überlingen:
Im Hintergrund das
Münster St. Nikolaus

Das Bad Hotel mit angrenzendem Kursaal und Kurpark

DIE NÄCHSTEN 200 JAHRE
Gespräch mit Willi Berchtold und Wolfgang Scheidtweiler

Das Bad Hotel ist, wie der Blick in seine Geschichte zeigt, ein Traditionshaus. Dennoch war es immer wieder in seiner Existenz bedroht. Vor Ihrer »freundlichen Übernahme« stand das Warmbadehaus leer und das Hotel selbst galt nicht als Erfolgsmodell. Sie sind mit dem Kauf ein Risiko eingegangen ...

WOLFGANG SCHEIDTWEILER (WS): Ein schönes Haus am richtigen Platz ist ein überschaubares Risiko. Die Lage des Bad Hotels am See, eine wunderbare Parkanlage, daneben der Kursaal, Treffpunkt der Stadt, aber auch die Architektur des Hotels hatte und hat Charme. Natürlich haben wir einiges Geld für die komplette Sanierung in die Hand genommen. Das ist bei einem solchen komplexen Projekt selbstverständlich. Meine Spezialität ist es, Dinge zu tun, von denen andere behaupten, dass es nicht geht – und meistens gehts eben doch! Man sagt, ich sei ein Optimist. Das ist wohl so.

Sie haben nicht nur ein Hotel gerettet, sondern auch einen Baukörper, der zum Gesicht der Stadt gehört. Der angegliederte Badturm ist im Übrigen ein testiertes Kulturdenkmal.

WILLI BERCHTOLD (WB): Die denkmalgerechte Sanierung hat Wolfgang perfekt durchgeführt. Er ist ein absoluter Experte für den Erhalt von Denkmalobjekten. Seine Projekte bis hin zu seinen Klöstern sind beeindruckend. Und Andrea, seine Frau, hat ein wirklich gutes Händchen für das Ambiente des Hauses.

ws: Danke für die Blumen, lieber Willi. Ich habe in der Tat eine Vorliebe für alte Gemäuer, für Klöster wie Steinfeld und Mariawald, beide in der Eifel gelegen, aber auch für Schlösser, deren Erhalt nicht mehr zu finanzieren war. Zum Beispiel das Renaissance-Schloss Brackenheim bei Heilbronn. Das ist die größte Rotweinbaugemeinde in Baden-Württemberg, dort errichten wir im historischen Keller eine Weinerlebniswelt. Wir arbeiten mit der französischen Künstlerin Clément Farrel, der renommierten Weinausstellung »Cité du Vin Bordeaux«, dem Deutschen Weininstitut und der Hochschule Heilbronn zusammen. Um die Sache gut zu machen, kostet es immer viel Zeit – wie seinerzeit auch im Bad Hotel.

Gute Hotels haben einen Wiedererkennungswert. Auffallend sind beispielsweise die wunderbaren Fotografien von Siegfried Lauterwasser in den Zimmern und den Gängen. Das ist die dekorative Seite ...
ws: Die Familie Lauterwasser ist seit Generationen in Überlingen zuhause. Die ersten und wichtigsten Fotografien dieser Stadt stammen aus ihrem Studio. Da lag es nur nahe, dass wir auch das historische Bad Hotel mit diesen Fotografien ausstatten. Etliche Fotografien, die wir in den Gästezimmern gehängt haben, stammen allerdings aus unserem Familienalbum. Meine Frau Andrea, die in Konstanz geboren wurde und dort aufwuchs, hat die Auswahl getroffen, aber auch für Teile der Einrichtung des Hotels hatte sie die Verantwortung. Mein Augenmerk lag hauptsächlich auf der denkmalschutzgerechten Sanierung der Räume, etwa

Bad-Hotel: Für 4 Millionen in Privathand

➤ Gemeinderat einstimmig für den Verkauf

➤ Käufer sind Unternehmer Scheidtweiler/Berchtold

VON STEFAN HILSER

Freuen sich über den gerade erfolgten einstimmigen Ratsbeschluss zum Verkauf des Bad-Hotels (von links): Willi Berchtold, Sabine Becker, Wolfgang Scheidtweiler.
BILD: HILSER

Überlingen – Einem Verkauf des Bad-Hotels steht nichts mehr im Wege. Einstimmig sprach sich der Gemeinderat gestern Abend dafür aus, das historische Bad-Hotel für vier Millionen an die Unternehmer Wolfgang Scheidtweiler (Pforzheim) und Professor Willi Berchtold (Überlingen) zu verkaufen. Die Investoren planen, das Hotel in der Kategorie 4-Sterne-plus auszubauen und zu einem Tagungshotel auszubauen. In dieses Konzept solle auch der Kursaal einbezogen werden, kündigte Oberbürgermeisterin Sabine Becker im Gemeinderat an. Über eine Verpachtung des Kursaals werde zu einem späteren Zeitpunkt entschieden, wenn der Rahmen dafür abgesteckt ist.

Fehler früherer Jahre – genannt wurde mehrfach das Stichwort „Fünf Mühlen" – könnten mit dem vorbereiteten Vertragstext nicht mehr passieren. Wie Martina Vollstädt, Leiterin Abteilung Liegenschaften, in der öffentlichen Sitzung sagte, sichere der Vertrag und ein Eintrag im Grundbuch ab, dass die Immobilie auf alle Zeiten als Hotelbetrieb geführt wird. Für alle Eventualitäten, wenn beispielsweise entgegen des Vertrags in Eigentumswohnungen umgebaut werden sollte, gebe es ein Vorkaufs- und Rückkaufsrecht. Auch lasse man sich vertraglich sichern, dass keine Einwände gegen den vom Kursaal ausgehenden Lärm erhoben werden.

Oberbürgermeisterin **Sabine Becker** (CDU) sagte: „Ein Hotel zu besitzen, zählt nicht zu den wichtigsten Aufgaben einer Stadt." Statt ein Hotel, wolle sie vorrangig in Bau und Sanierung

Die Investoren

Die Familie von Wolfgang Scheidtweiler ist beteiligt an mehreren Brauereibetrieben, unter anderem der Ruppaner Brauerei in Konstanz. Daneben führt sie verantwortlich mehrere Hotels wie das „Halm" in

Konstanz oder das Parkhotel Pforzheim, betreibt auch das Kongresszentrum Pforzheim. Professor Willi Berchtold ist geschäftsführender Gesellschafter der Cuatrob GmbH mit Sitz in Überlingen, die in Sach-, Kapital –und Unternehmensbeteiligungen investiert. Quelle: Stadt Überlingen

von Kindergärten und Schulen investieren. Entscheiden sei nicht, wer das Hotel besitzt, sondern was der Hotelier daraus macht. Wie **Michael Jeckel** (CDU) sagte, hätte sich die Stadt die anstehende Sanierung selbst nicht leisten können, die geplanten privaten Investitionen stünden der Stadt aber „gut zu Gesicht". Er widersprach damit ausdrücklich dem Zitat, die Stadt verkaufe ihre Nase aus dem Gesicht heraus. **Oswald Burger** (SPD) findet es „schön", dass in den vergangenen Wochen „doch noch eine breite Willensbildung in der Bür-

gerschaft" stattfinden habe können. Hätte die Stadt noch weiter Geld in das Bad-Hotel investiert, wäre das einem „Sparstrumpf mit Löchern" gleichgekommen. Nun aber habe die Stadt „sehr gut verhandelt". Die Risiken seien nicht groß, „weil der Vertrag gut ist und der Denkmalschutz dafür sorgt, dass alles so bleibt". **Reinhard A. Weigelt** (FDP) betonte, dass es Aufgabe der Stadt sei, ein Hotel zu führen. Er halte den Verkauf angesichts der Finanzlage und den anstehenden Kernaufgaben für „logisch". Der Preis entspreche dem,

was der Markt hergibt. Ein Wertgutachten sei unnötig, weil mehr nicht bezahlt worden wäre oder das Gutachten nur einen niedrigeren Preis angezeigt hätte. **Marga Lenski** (LBU) ließ sich „nach anfänglicher Skepsis" auch davon überzeugen, dass der Verkauf der richtige Schritt sei. „Zumal die beiden Herren uns sehr vertrauenerweckend erschienen." Sie sehe auch die Chance, dass der Eingang zum Badgarten, den die Investoren mit übernehmen, schöner gestaltet wird. **Siegfried Weber** (FWV) sagte, dass er sich auf die Sanierung freue. Im Gegenzug könne sich die Stadt „auf ihre Kernaufgaben konzentrieren". **Lothar Thum** (ÜfA) erinnerte daran, dass sich bei einem schon vor gut 20 Jahren angedachten Verkauf niemand gefunden habe, der auch nur eine Mark für das Bad-Hotel bezahlt hätte. Vom neuen Hotelier verspreche er sich eine Aufwertung der Gastronomie, „so dass vielleicht auch die Überlinger eher bereit sind, als Gast ins Bad-Hotel zu gehen".

SÜDKURIER vom 27. September 2012

auch des Alten Badhauses, in dem Kneipp-Kuren durchgeführt wurden. Hier haben wir versucht, die Atmosphäre der damaligen Zeit mit den wunderbaren Terrazzo-Böden und alten Armaturen einzufangen. Unsere Gäste genießen es, sich in diesem authentischen Rahmen zu erholen. Aber auch die Villa Seeburg, die zum Hotel gehört, haben wir mit viel Geschichtsgefühl renoviert und saniert. Und ja, wie Willi anmerkte, ich glaube, es ist uns ganz gut gelungen.

Überlingen hat nie das erhoffte Präfix »Bad« bekommen, das Ihr Hotel im Namen führt. Stattdessen erhielt das nördliche Bodenseeufer den Beinamen »deutsche Riviera«, Überlingen wurde gar mit Nizza verglichen. Ist aus Ihrer Sicht von diesem Mythos noch etwas übriggeblieben?

WB: Nicht wirklich! Wir leben in einer der schönsten Gegenden Deutschlands! Die Natur, die Lage, die Geschichte sind hier rund um den See einmalig! Aber seit der Gürtelbahn, die immer noch nicht elektrifiziert ist, fehlt es an einer weitsichtigen Verkehrsführung am gesamten Nordufer. Überlingen als Kern hat ein enormes Potenzial. Nicht durch massive Veränderungen, sondern durch eine sehr feinfühlige Weiterentwicklung. Klasse muss der Anspruch sein, um auf den von Ihnen genannten Mythos zurückzukommen.

WS: Im Fall der Verkehrsanbindung hat Willi als Einheimischer den Nahblick. Was das Präfix »Bad« angeht: Der Titel wurde Kurorten seit dem späten 19. Jahrhundert als Prädikat verliehen und dem Ortsnamen vorangestellt. Damals war er wichtig, heute ist die Infrastruktur einer Stadt oder eines Ortes wichtiger als dieser Zusatz. Überlingen kann auch ganz gut ohne das »Bad« vor seinem Namen leben. Die Therme mit ihren hohen Besucherzahlen zeigt ja, dass es den Titel nicht unbedingt braucht.

Sie haben mit Ihrem Team in den vergangenen Jahren viel erreicht: Das Ferien- und Businesshotel hat Niveau, vier Sterne Plus; der »Connoisseur Circle« hat es in den Kategorien Guest Check mit dem 1. Platz und mit dem Titel »die besten Hotels am Wasser« geehrt. Das ist der Status quo. Soll es dabei bleiben? Oder peilen Sie noch einen Stern an?

WS: Um ehrlich zu sein: Wir streben keinen fünften Stern an. Das würde neue Investitionen zum Beispiel in die Quadratmetergröße der Zimmer bedeuten und am Ende der Tage auch einen Preis, der viele unserer heutigen Gäste womöglich abschrecken würde. Wir haben eine hervorragende Küche.

WB: Dem kann ich gerne beipflichten. Wir sind sehr bemüht, den Standard im Hotel und auch in der Gastronomie zu halten, den unser starkes Team mit neuen Konzepten erreicht hat. Das scheint mir in der heutigen Zeit und jetzigen Situation Anspruch genug. Das heißt aber nicht, dass wir uns zur Ruhe setzen.

Das Bad Hotel hat momentan 76 komfortabel ausgestattete Hotelzimmer. Auch der Kursaal wird von Ihrem Team verwaltet. Sie denken dennoch weiter und auch an einen Anbau. Wie sehen Ihre Pläne für die Zukunft des Hotels aus?

WB: Ein 200 Jahres altes, ehrwürdiges Haus und mit dieser Geschichte und Lage verpflichtet uns, es für die nächsten Jahrzehnte zu ertüchtigen. Das ist sehr herausfordernd und kein »wirtschaftliches Projekt« mit dem Geld zu verdienen ist. Aber es darf auch nicht nur

Liebhaberei sein. Es muss sich zumindest selbst tragen. Sonst hätte das Haus keine Zukunft. Bereits beim Kauf im Jahre 2012 haben wir dem Gemeinderat eine Perspektive für das Bad Hotel aufgezeigt. Der Kernsatz ist einfach: Wir müssen Überlingen in den Wintermonaten attraktiver machen! Unsere Idee, das Ensemble aus Hotel, Warmbad und der Villa Seeburg soll ein integriertes Veranstaltung- und Wohlfühlzentrum für unsere Gäste werden. Dazu kann man auch den Kursaal und das Kapuziner denken. Bereits vor Jahren haben wir vorgeschlagen, den Kapuziner auf unsere Kosten zu renovieren und als multifunktionalen Veranstaltungsraum allen zur Verfügung zu stellen. Nachhaltigkeit ist der Grundgedanke, um das Haus fit zu machen für die kommenden Jahrzehnte – von der Energie bis hin zur Effizienz. Aber zur Umsetzung benötigen wir auch Unterstützung!

ws: So ist es. Die Pläne gibt es schon sehr detailliert. Bis sie realisiert werden, kann es dauern. Aber wir machen uns keinen Stress, eine mögliche Ergänzung und unsere Investitionen sollen ja das Ensemble auf eine neue Ebene heben und die nächsten Jahrzehnte bestehen.

wb: Jetzt wollen wir aber zunächst die ersten 200 Jahre feiern und unseren bescheidenen Beitrag in den vergangenen 12 Jahren dazu.

Das Gespräch führte Siegmund Kopitzki

WILLI BERCHTOLD (75) wurde in Singen geboren. Er studierte Betriebswirtschaft und Wirtschaftsinformatik. In seiner beruflichen Laufbahn war er 20 Jahre bei der IBM Deutschland, zuletzt als Geschäftsführer und GM. 1998 übernahm er den Vorsitz des Technologieunternehmens Giesecke & Devrient. 2003 wurde er Mitglied des Aufsichtsrates der ZF-AG bei der er von 2005 bis 2010 als Vorstand den Finanzenbereich führte. In seiner Laufbahn war er im Aufsichtsrat einer Vielzahl von Unternehmen, sowie Gründungsmitglied und Präsident des Bitkom. 2010 gründete er die CUATROB GmbH die er bis heute führt. Berchtold lebt mit seiner Familie in Überlingen.

WOLFGANG SCHEIDTWEILER (74) ist Bierbrauer, Diplom-Braumeister und Diplom-Ingenieur. Die Scheidtweiler-Gruppe seiner Familie betreibt zwischen dem Bodensee und der Eifel mehrere Brauereien und Hotels sowie einen historischen Gasometer mit einem 360-Grad-Panorama. Ein weiterer Gasometer mit einem Panorama entsteht zurzeit in Konstanz. Der in Bad Godesberg geborene Scheidtweiler ist im Eifelort Wachendorf aufgewachsen und lebt mit seiner Frau Andrea, die einer Brauereifamilie entstammt, in Pforzheim. Sie ist die gute Seele an seiner Seite, sagt Wolfgang Scheidtweiler.

IM BAD HOTEL ZU ÜBERLINGEN

Ein Prosastück aus dem Jahre 1941

**WILHELM
SCHÄFER**

Nun wohne ich schon jahrelang am Überlinger See, der mir aus seinen Waldufern einen schmalen Blick auf die Vorarlberge gönnt; und nur an Sonntagen kommt der Dampfer in unsern Winkel. Es ist ein verstecktes Dasein, das wir gegen den großen Bodensee führen; und ob auch an unserm Ufer die grünen Zollwächter spazieren gehen: die Grenze ist weit, und nur die Wolken wehen hin- und herüber.

Wenn im Sommer die Fremden kommen, heißen sie die Sommerhalde ein Paradies; sie haben recht, obschon die Wonnen dieses Paradieses mit mehr Einsamkeit und selbstgenügsamer Stille zusammenhängen, als den meisten erträglich wäre. Man muß gut zu sich selber stehen und zu den Dingen, die einem anders als in der Stadt gehören, um mit den Waldbergen im Winter, dem braunen Schilf im Wasser und dem eisumsäumten See auf gutem Fuß zu bleiben; denn der Mensch als Umgang tritt hinter den andern Dingen zurück.

Unsere Stadt Überlingen; sie liegt zwei gute Wegstunden weit, und ich kann von meinem Fenster aus den Ufervorsprung sehen, hinter dem sich ihre Dächer verstecken. Stadt heißt in diesem Fall Städtchen; aber es steht ein schönes Münster da, das der Renovierung noch nicht ganz erhalten; wenn auch die bunten Nester der Zugvögel auf allen Hügeln rundum den alten Kern mit seinem Türmen und Gassen arg bedrängen:

wer die winkeligen Kleinstadtgassen liebt, kann seinen Kopf oft in den Nacken legen. Für uns Anwohner ist dies allerdings überstanden; uns ist wichtiger, wo die obere und die untere Apotheke liegt und wo der Uhrmacher wohnt, wo man Sensen oder Harnstoff für den Garten kauft, und die eigentliche Frage ist immer die, dass man nach dem Zettel besorgt, was sich in Wochen angesammelt hat.

Wie gesagt, so ist es seit Jahren: und der lange Regen war wohl schuld, dass wir neulich am ersten schönen Abend zum Vergnügen in die Stadt fuhren. So Tag für Tag hinauszusehen, wie der graue Teller vollgeregnet wird, wie die Uferwiesen allmählich in den See einbezogen werden, wie die Natur nur noch auf Berieselung eingestellt ist und auf die Ernährung der Schnecken, die in diesem Frühjahr Hochbetrieb hatten: diese Entbehrung der gewohnten Frühsommerreize muss einen Hunger nach der Menschenwelt in uns ausgelöst haben, als mit der Aufklärung der merkwürdige Entschluss über uns kam, Überlingen als Stadt zu genießen.

Weil es ein Sonntag war, hatten die Geschäfte geschlossen; wir spazierten also als Feriengäste am Seeufer hin, sahen die Schifflände und einige Menschen grübelnd daran stehen. Und weil der Badgarten lockte, gingen wir auch da hinein, um endlich auf den gelbgrünen Bänken abzusitzen. Dass ich es gestehe, wir hatten gedacht: irgendwo spielen die Musikanten, und ein fröhliches Badeleben hat die Bürger aus ihren Häusern gelockt, sich unter die Fremden zu mischen.

Es war aber anders; die Fremden – ich schätze ein

halbes Dutzend – saßen im Speisesaal, und die Bürger waren zu Hause geblieben. Wir hockten lange allein unter den Bäumen und sahen hinaus über den See, als ob er uns neu wäre. Der Dampfer nach Konstanz rauschte ab, gleichsam das letzte Weltleben entraffend; und nur drei Kurfremde nehmen vorübergehend an einem Nebentisch Platz, nahe genug, um uns ihren Dialekt hören zu lassen, der sächsisch war.

Unsere Vergnügungssucht war buchstäblich ins Wasser gefallen, auf das wir gelangweilt hinaussahen, bis mir die Umwandlung geschah, um derentwillen ich diese Zeilen schreibe. Denn wie ich einmal gegen das Bad Hotel zurücksah, das hinter dem breiten und gepflegten Garten wie ein altes Herrenhaus dalag, stumm

Das Bad Hotel auf einei Postkarte aus den 1950er-Jahren

und verschlafen: da war ich auf einmal selber aus Plauen oder Stuttgart oder gar Berlin, und ich freute mich innig, in diesem schönen Winkel Ruhe zu haben, der so zur Ruhe geschaffen ist. Mir fiel jener weise Erlass des großen Theoderich ein, als die Bürger von Como sich über den Lärm und Staub der Militärstraße beschwerten, die am See hingen, und der Gotenkönig dieser Beschwerde sogleich stattgab; es müsste solche von der Schönheit der Natur gesegneten Orte vor dem Lärm der modernen Zeit geschützt werden, um Stätten der Erholung von ihrer Unrast zu bleiben!

Soweit war ich mit meinen Gedanken wieder in Ordnung, als die Sachsen verdrießlich in den Ort abschoben, weil hier nichts los war. Sie trugen sichtlich das gleiche mit sich herum, was uns an diesem Abend in den Badgarten geführt hatte, und was ganz etwas anderes als die Sehnsucht nach Ruhe war; sie wollten sich vergnügen.

VERGNÜGUNGSORTE

Ich kenne ein herrlich gelegenes Kurhaus im Schwarzwald, das ein Großkaufmann für seine Angestellten mit allem Komfort gebaut hat; aber die Leute langweilten sich darin zu Tode, weil ihnen die Beziehung zur Natur und zum natürlichen Leben verloren ging. Sie haben sich ein Grammophon in die Halle gestellt, abends danach zu tanzen; und nach dem Mittagessen hasten sie zur Bahn, um im nächsten Badeort in den Cafés herumzusitzen. Denn schließlich müssen ja alle diese Bade- und Kurorte, wenn sie ihre Anziehung nicht verlieren wollen, Vergnügungsorte sein. Damit werden sie Sommerfilialen der Städter, die das, wovon sie sich erholen sollten, selber ins Land tragen.

So sah ich denn, dass es weder die Natur ist, die diese Vergnügungsreisenden aufs Land lockt, noch eigentlich die Stadt, der sie entfliehen; die meisten sind den städtischen Vergnügungen so verhaftet, dass sie die nicht einmal für ihre Ferientage entbehren können. Wovon sie sich erholen wollen, das ist der Beruf; einmal wollen sie frei sein von seiner täglichen Nötigung. Dass die Natur dabei sein muss mit Wanderungen, Gondelfahrten, Klettereien, Golf- oder anderen Spielen: das alles ist nicht so wichtig wie dies, dass sie für einige Wochen von der Kette los sind. Und von ihr hat der Städter freilich eine Erholung nötig, weil sein Dasein in der Tretmühle ist.

Ich brauche nur an das Leben in einer unserer Industriestädte zu denken, um zu wissen, dass meine Natur darin längst zermahlen wäre. Soviel und so schwer ich gearbeitet habe und sowenig ich einen Achtstundentag kenne: mein Instinkt hat mich gewarnt, jemals lange in der Stadt zu wohnen, weil meine Nervenkraft nicht für das Tempo des modernen Lebens ausreicht, weil ich ein Landmensch bin.

Indem ich das Wort niederschreibe, wird mir deutlich, wie sehr der Stadt- und Landmensch verschiedene Lebensformen sind. Wenn ich in eins dieser Geschäfte zu Überlingen gehe, darf ich kein Tempo mitbringen; es dauert lange, bis die Ladenglocke jemand gerufen hat, und noch länger, bis sich findet, was ich brauche. Und wenn ich zu meinem Vergnügen ins Bad Hotel fahre, muss es acht Wochen lang geregnet haben.

Einmal vor Jahrzehnten war ich in einer Börse; das Geschrei hängt mir noch heute in den Ohren, als ob ich unter den Verdammten gewesen wäre. So will ich ein Lächeln nicht länger fürchten und ruhig sagen, dass ich alle für verdammt halte, die da in den Städten durch Arbeit zu ihrem Vergnügen kommen; wie ich es einmal zu Leuten aus Bochum sagte, dass sie an dieser wilden und rauchenden Arbeitsstätte sein müssten, damit ich an meinem See den Genuss davon hätte.

Ich weiß, dass mein Genuss, an ihren Vergnügungen gemessen, so altmodisch ist wie alles auf dem Land gegen die Stadt; ich weiß überdies, dass sich das moderne Leben immer tiefer ins Land einfrisst, aber auch dies, dass der Fraß seine Grenzen hat, die nicht nur an den Stadttoren liegen, sondern in jedem einzelnen, der einmal im Jahr mit seinen Kräften zu Ende ist und für die Ferienzeit aus seiner Tretmühle heraus muss. Er sucht nicht so sehr die Landschaft, als dass er für einige Wochen aus dem Tempo seiner Arbeit und seiner Vergnügungen frei haben will. In jedem Frühsommer, wenn die bunten Kleider auf dem See zu gondeln beginnen, wo sonst nur Fischer sind, triumphiert die Zeitform des Landes über die Stadt. Es ist mir gewiss, dass einmal das moderne Leben ausgerast haben wird, weil sein Tempo nicht nur der Natur des einzelnen, sondern der Natur überhaupt widerspricht.

Es ist ein Sinnbild, dass die Städter im Sommer aufs Land kommen, wie es ein Sinnbild ist, dass die Landschaft sie mit ihrem Gleichmut erwartet.

Eine historische Ansicht des Franziskanertors

»UND SO GEHT
DAS GUTE ALTE
NEUE BAD HOTEL
IN DAS DRITTE
JAHRHUNDERT –
GRATULATION!«

Siegmund Kopitzki

ANHANG

LITERATUR/QUELLEN

Walter Liehner: Vom Mineralbad zur Bodensee-Therme

Vorliegender Beitrag, Seiten 12–29, ist die leicht überarbeitete und erweiterte Version von LIEHNER, WALTER: Vom Mineralbad zur Bodensee-Therme. Zur Geschichte des Überlinger Bades. In: Leben am See 22 (2005), S. 26–34. Der Arbeit liegt ein umfangreiches Aktenstudium in den Beständen des Stadtarchivs Überlingen zugrunde.

Verwiesen wird insbesondere auf die Archivbestände: Reichsstadt C, Akten der Hauptregistratur D 1 (1803–1859), D 2 (1860–1900) D 3 (1900–1952), Ratsprotokolle, Reutlinger Kollektaneen und Baubuch 1791–1834. Alle wesentlichen Fundstellen sind bei SCHNEIDER, ALOIS, unter Mitarbeit von PFROMMER, JOCHEM: Überlingen (Archäologischer Stadtkataster Baden-Württemberg, Bd. 34). Esslingen 2008, HT 101 und HT 161 aufgelistet, weshalb auf Einzelnachweise hier verzichtet wird.

Verwendete ältere Literatur vor 1800 ist im Fließtext durch Nennung von Autor, Titel und Erscheinungsjahr nachgewiesen. Neuere Literatur ist in Auswahl im oben genannten Archäologischen Stadtkataster unter HT 161 genannt.

Einblick in die Überlinger Gesundheitsfürsorge bietet KINZELBACH, ANNEMARIE: Nicht krank und hilflos. Gesundheit und Politik in der Reichsstadt Überlingen in der Vormoderne. In: 1250 Jahre Überlingen. Eine Zeitreise vom Mittelalter bis zur Moderne. Stadt Überlingen (Hrsg.). Gmeiner, Meßkirch 2023, S. 248–263.

LIEHNER, WALTER: Von der Provinzstadt zur Kur- und Amtsstadt. Überlingen im Großherzogtum Baden. In: 1250 Jahre Überlingen. Eine Zeitreise vom Mittelalter bis zur Moderne. S. 418–469. Stadt Überlingen (Hrsg.). Gmeiner, Meßkirch 2023. S. 248–263.

Weiterführende Informationen zum Bad sowie Basisdaten zur allgemeinen Geschichte von Überlingen sind zu finden bei: LIEHNER, WALTER: Von der Provinzstadt zur Kur- und Amtsstadt. Überlingen im Großherzogtum Baden. In: 1250 Jahre Überlingen. Eine Zeitreise vom Mittelalter bis zur Moderne. Stadt Überlingen (Hrsg.). Gmeiner, Meßkirch 2023. S. 418–469.

MÜLLER, JOHANN NEPOMUK: Die Mineralquell- und Seebade-Anstalten in Ueberlingen am Bodensee, mit ihren Umgebungen. Denkblatt für Einheimische und Kurgäste, Freunde der Geschichte und schönen Natur. Dr. J. N. Müller, Stadtpfarrer und Dekan in Überlingen, Ritter hoher Orden, vieler gelehrten Gesellschaften. Verlag Förderer, Villingen 1860.

Wolfgang Braungardt: Die Vision des J.A.Ackermann

MÜLLER, JOHANN NEPOMUK: Die Mineralquell- und Seebade-Anstalten in Ueberlingen am Bodensee, mit ihren Umgebungen. Denkblatt für Einheimische und Kurgäste, Freunde der Geschichte und schönen Natur. Dr. J. N. Müller, Stadtpfarrer und Dekan in Überlingen, Ritter hoher Orden, vieler gelehrten Gesellschaften. Verlag Förderer, Villingen 1860.

SAUTER, JOHANN NEPOMUK: Nachricht von dem Gesundbrunnen und Bad zu Ueberlingen. Allensbach 1805.

DERS: Zweite Nachricht von dem Gesundbrunnen und Bad zu Ueberlingen. Constanz und Ueberlingen 1826.

DERS: Beschreibung der Mineral-Quelle zu Ueberlingen am Bodensee, ihrer großen heilkräftigen Wirkungen, und der neuen großartig vorgenommenen Erweiterungen und zweckmäßigen Einrichtungen der ganzen Anstalt. J. M. Bannhards Witwe, Konstanz 1836.

SCHNEIDER, ALOIS/FROMMER, JOCHEN: Archäologisches Stadtkataster Überlingen, Band 34. RP Stuttgart, Landesamt für Denkmalpflege im Regierungspräsidium Stuttgart und die betreffende Stadtverwaltung. Stuttgart/Überlingen, 2008.

STAIGER, FRANZ XAVER KONRAD: Die Stadt Ueberlingen am Bodensee sonst und jetzt mit ihrem Bade und ihrer nächsten Umgebung. Überlingen am Bodensee. Verlag der Franz Xav. Ullersber'gerschen Buchdruckerei, 1859.

VIERFELDER, MORITZ: Betsäle und Synagogen in Buchau und Kappel. Zum 100 jährigen Jubiläum der Synagoge in Buchau 1838–1939. Unveröffentlicht. Privatarchiv Charlotte Mayenberger, Bad Buchau/Baden-Württemberg (www.judeninbuchau.de)

Dank an: Archiv des Bauamtes der Stadt Überlingen sowie Stadtarchiv Überlingen (Walter Liehner); Fürst Thurn und Taxis / Hofbibliothek und Zentralarchiv, Regensburg; Haus Fürstenberg Donaueschingen, Archiv (Jörg Martin) sowie Charlotte Mayenberger (Bad Buchau) und Ulrich M. Schumann (Friedrich Weinbrenner-Gesellschaft, Karlsruhe).

Martin Baur: Die deutsche Riviera – Tourismus am Bodensee

BACHMANN, KARL: Chronologische Geschichte Lindaus. Von den Anfängen bis zur Gegenwart. In: Museumsverein Lindau (Hrsg.), Neujahrsblatt 45, Lindau 2005.

BADER, JOSEF: Das Badische Land und Volk. Meine Fahrten und Wanderungen im Heimatlande. Zwei Bände, Literarische Anstalt, Freiburg im Breisgau 1853.

BOENKE, DIETMAR: Schaufelrad und Flügelrad. Die Schifffahrt der Eisenbahn auf dem Bodensee. GeraMond-Verlag, München 2013.

BOTTING, DOUGLAS: Der große Zeppelin. Hugo Eckener und die Geschichte des Luftschiffs. Verlag Ullstein, Berlin 2002.

BRAHAM, TREVOR: When the Alps cast their spell. Mountaineers of the Alpine Golden Age. The In Pinn, Glasgow 2004.

BRUNNER, MICHAEL & THEIL, ANDREA: Wasser in der Kunst – Vom Mittelalter bis heute. Begleitbuch zur Ausstellung. Städtisches Kulturamt, Überlingen 2004.

GÖTTISCH, SILKE: Sommerfrische – Zur Etablierung eine Gegenwelt am Ende des 19. Jahrhunderts. In: Schweizerisches Archiv für Volkskunde, Halbjahresschrift im Auftrag der Schweizerischen Gesellschaft für Volkskunde, Ueli Gyr (Hrsg.). 98. Jahrgang. Basel 2002.

HESDÖRFER, MAX (HRSG.): Die Gartenwelt. Illustriertes Wochenblatt für den gesamten Gartenbau. Verlag Gustav Schmid, Berlin 1896 bis 1944. Digitalisat: www.biodiversitylibrary.org

KALTSCHMID, J. A.: Ueberlingen seit Anfall an das Haus Baden. Schnellpressendruck von Joh. B. Thoma. Lindau 1871.

KLAGIAN, THOMAS: Aus der Geschichte der Stadt Bregenz. Online: www.bregenz.gv.at

LIEHNER, WALTER: Von der Provinzstadt zur Kur- und Amtsstadt. Überlingen im Großherzogtum Baden. In: 1250 Jahre Überlingen. Eine Zeitreise vom Mittelalter bis zur Moderne. Stadt Überlingen (Hrsg.). Gmeiner, Meßkirch 2023. S. 418–469.

MÜHL, ALBERT: Die Großherzoglich Badischen Staatseisenbahnen, ihre Geschichte, Lokomotiven und Reisezugwagen in Wort und Bild. Franck'sche Verlagsbuchhandlung, Stuttgart 1981.

MÜLLER, J.N.: Die Mineralquell- und Seebade-Anstalten in Ueberlingen a. B. mit ihren Umgebungen. Förderer, Villingen 1860.

SCHMIDT, HELMUT: Deutsche Eisenbahndirektionen, Grundlagen I, Verlag Bernd Neddermeyer, Berlin 2008.

SCHWAB, GUSTAV: Der Bodensee nebst dem Rheinthale von St. Luziensteig bis Rheinegg. Handbuch für Reisende und Freunde der Natur, Geschichte und Poesie. Cotta'sche Buchhandlung, Stuttgart und Tübingen 1827.

SCHWÄBISCHER MERKUR/SCHWÄBISCHE KRONIK: Tageszeitung, erschienen von 1785 bis 1941., im 19. Jahrhundert die führende Tageszeitung im Königreich Württemberg. Schwäbische Kronik als tägliche Abteilung befasste sich mit Innenpolitik und Regionalnachrichten. Verwendung fand das Digitalisat der Württembergischen Landesbibliothek.

STOLBERG, FRIEDRICH LEOPOLD GRAF ZU: Reisen in Deutschland, Schweiz, Italien und Sicilien. In vier Bänden nebst einem Band Kupfer. Königsberg und Leipzig bei Friedrich Nicolovius 1794.

TRAPP, WERNER: Der Traum vom »deutschen Nizza« am Schwäbischen Meer. In: Werner Trapp: Seh-Zeichen. Sammelband. Verlag Stadler, Konstanz 1993. S. 9–24.

TRAPP, WERNER: Die deutsche Riviera um 1900. In: Werner Trapp: Mit Blick auf See und Gebirge. Sammelband. Verlag C. Braun, Karlsruhe 2002. S. 63–76.

TRAPP, WERNER (REDAKTION): Sommerfrische. Die touristische Entdeckung der Bodenseelandschaft. Begleitbuch zur gleichnamigen Ausstellung des Internationalen Arbeitskreises Bodensee-Ausstellungen. Darin insbesondere: KUHN, ELMAR L.: Ein Luftschiff über dem König vor dem Alpenpanorama. Friedrichshafen als Kurort und Fremdenverkehrsstadt vor dem Ersten Weltkrieg. Verlag der Rorschacher Neujahrsblätter 1991. S. 125–138.

VEIT, HEIKE & JANICKE, ULF: 150 Jahre Hermann Hoch. Eine kleine Festschrift. Verschönerungsverein Überlingen (Hrsg.), 2016.

ZINGELER, KARL-THEODOR: Rund um den Bodensee. Woerl's Reisebibliothek, Würzburg o.J., nach Angaben von Antiquaren erschienen 1878.

Siegmund Kopitzki: Kneippen im Bad Hotel

BERNHARD, BETTINA: Kur am und im See, Alpenblick inklusive. Das Kneippheilbad Überlingen. In: Wolfgang Niess/Sönke Lorenz (Hrsg.), Kult-Bäder und Bäderkultur in Baden-Württemberg. Marksteinverlag, Filderstadt 2004.

HIRTE, THOMAS: Überlingen als Kur- und Seebad im 19. und 20. Jahrhundert. In: Überlingen legendär! 1250 Jahre sagenhafte Stadtgeschichte. Begleitbuch zur Sonderausstellung Städtisches Museum Überlingen 1.4.–12.12.2020. Städtisches Museum, Überlingen 2020.

LIEHNER, WALTER: Von der Provinzstadt zur Kur- und Amtsstadt. Überlingen im Großherzogtum Baden. In: 1250 Jahre Überlingen. Eine Zeitreise vom Mittelalter bis zur Moderne. Stadt Überlingen (Hrsg.). Gmeiner, Meßkirch 2023. S. 418–469.

Michael Brunner: Der Kursaal

STADT ÜBERLINGEN (HRSG.): 1250 Jahre Überlingen. Eine Zeitreise vom Mittelalter bis zur Moderne. Meßkirch 2023.

BRUNNER, MICHAEL: Ein neues Weimar? Kunst und Kulturpolitik von 1945 bis 1960. In: 1250 Jahre Überlingen. Eine Zeitreise vom Mittelalter bis zur Moderne. Stadt Überlingen (Hrsg.). Gmeiner, Meßkirch 2023. S. 586–625.

Siegmund Kopitzki: Sonst ist es ganz hübsch

BERNHARD, BETTINA: Kur am und im See, Alpenblick inklusive. Das Kneippheilbad Überlingen. In: Wolfgang Niess/Sönke Lorenz (Hrsg.), Kult-Bäder und Bäderkultur in Baden-Württemberg. Marksteinverlag, Filderstadt 2004.

BOSCH, MANFRED (HRSG.): »Denk ich an den Bodensee ...«. Eine literarische Anthologie. Südverlag, Konstanz 2015.

DERS.: Die Manns am Bodensee. »Haben es ganz gut getroffen ...«. Südverlag, Konstanz 2018.

HIRTE, THOMAS: Überlingen als Kur- und Seebad im 19. und 20. Jahrhundert. In: Überlingen legendär! 1250 Jahre sagenhafte Stadtgeschichte. Begleitbuch zur Sonderausstellung Städtisches Museum Überlingen 1.4.–12.12.2020. Überlingen, Städt. Museum 2020.

LIEBL, WALTRAUT/KOPITZKI, SIEGMUND (HRSG.): Überlingen literarisch. Ein Spaziergang durch die Jahrhunderte. Gmeiner, Meßkirch 2021.

LIEHNER, WALTER: Von der Provinzstadt zur Kur- und Amtsstadt. Überlingen im Großherzogtum Baden. In: 1250 Jahre Überlingen. Eine Zeitreise vom Mittelalter bis zur Moderne. Stadt Überlingen (Hrsg.). Gmeiner, Meßkirch 2023. S. 418–469.

MÜLLER, JOHANN NEPOMUK: Die Mineralquell- und Seebade-Anstalten in Ueberlingen am Bodensee, mit ihren Umgebungen. Denkblatt für Einheimische und Kurgäste Freunde der Geschichte und schönen Natur. Verlag Förderer, Villingen 1860.

SCHWAB, GUSTAV: Der Bodensee nebst dem Rheinthale bis Rheinegg. Handbuch für Reisende und Freunde der Natur, Geschichte und Poesie. Cotta, Stuttgart/Tübingen 1827.

SAUTER, JOHANN NEPOMUK: Beschreibung der Mineral-Quelle zu Ueberlingen am Bodensee, ihrer großen heilkräftigen Wirkungen, und der neuen großartig vorgenommenen Erweiterungen und zweckmäßigen Einrichtungen der ganzen Anstalt. Bannhard, Konstanz 1836.

Michael Brunner: Dresdner Impressionisten in Überlingen

WARZECHA, JASPER: Gotthard Kuehl und der »Figürliche Impressionismus«. Logos Verlag, Berlin 2022.

GÄBLER, KRISTIN (HRSG.): Ein Lichtblick für Dresden – Gotthard Kuehl. Katalog Städt. Sammlung Freital. Sandstein, Dresden 2022.

Ulrike Niederhofer: Siegfried Lauterwasser – Handwerker der Fotografie

Augen-Blicke. Das Lebenswerk des Überlinger Photographen. Zum 100. Geburtstag von Siegfried Lauterwasser, Ausstellungskatalog, erschienen im Eigenverlag Foto Lauterwasser. Überlingen 2013.

FROMMER, HEIKE (Hrsg.), Schneiders – Lauterwasser – fotoforum: Fokus Fotografie 50er-Jahre. Ausstellungskatalog Salem Kulturamt Bodenseekreis anlässlich der Ausstellung im Roten Haus Meersburg, 2015.

Susanne Klingenstein: Zu Gast am See

BUSCHENDORF, BERNHARD: Goethes mythische Denkform. Zur Ikonographie der »Wahlverwandtschaften«. Suhrkamp Verlag, Frankfurt 1986.

KLINGENSTEIN, SUSANNE: Mendele der Buchhändler. Leben und Werk des Sholem Yankev Abramovitsh. Eine Geschichte der jiddischen Literatur zwischen Berdichev und Odessa. Harrasowitz, Wiesbaden 2014.

KLINGENSTEIN, SUSANNE: Wege mit Martin Walser. Zauber und Wirklichkeit eines Schriftstellers. Weissbooks, Frankfurt 2016.

WALSER, MARTIN/FICUS, ANDRÉ: Heimatlob. Ein Bodensee-Buch. Insel, Frankfurt 1982.

WALSER, MARTIN: Ein liebender Mann. Roman. Rowohlt, Reinbek 2008.

WALSER, MARTIN: Muttersohn. Roman. Rowohlt, Reinbek 2011.

WALSER, MARTIN: Shmekendike Blumen. Ein Denkmal. Rowohlt, Reinbek 2014.

Susanne Klingenstein: Fisch und Vögel

STAHL, MARÉ: Kleine Fische, große Fische. In: Merian, Bodensee. Hoffmann und Campe, Hamburg 1967.

LIEHNER, WALTER: Von der Provinzstadt zur Kur- und Amtsstadt. Überlingen im Großherzogtum Baden. In: 1250 Jahre Überlingen. Eine Zeitreise vom Mittelalter bis zur Moderne. Stadt Überlingen (Hrsg.). Gmeiner, Meßkirch 2023. S. 418–469.

Jürgen Jankowiak: Wohin geht die Reise?

Geschäftsbericht 2023 der Überlingen Marketing und Tourismus GmbH: https://www.ueberlingen-bodensee.de/geschaeftsbericht

Strategiekonzept Stadtmarketing und Tourismus Überlingen 2030: https://www.ueberlingen-bodensee.de/strategiekonzept

Potential- und Bedarfsanalyse Beherbergung & Gastronomie für die Stadt Überlingen am Bodensee, Project M GmbH.

Perspektive 2025 – Revitalisierung durch Wandel, Kompetenzzentrum Tourismus des Bundes https://kompetenzzentrum-tourismus.de/media/perspektive_2025_-_revitalisierung_durch_wandel_1_.pdf

BILDNACHWEISE

Eines der besten Hotels am Wasser
Seite 9: *Ines Janas*

Vom Mineralbad zur Bodensee-Therme
Seiten 12, 16, 19, 20, 25: *Stadtarchiv Überlingen*
Seite 14: *Bayerische Staatsbibliothek München*
Seite 29: *Überlingen Marketing und Tourismus GmbH*

Die Vision des J. A. Ackermann
Seiten 30, 37, 41: *Stadtarchiv Überlingen*
(Lageplan Seite 37 mit Einzeichnungen von W. Braungardt)
Seite 44: *Städtisches Museum Überlingen*

Die deutsche Riviera
Seite 46: *Stadt Überlingen, Abteilung Kultur*
Seiten 49, 50, 53, 57, 60, 65: *Historische Postkarten*
Seite 57 (S/W-Bild): *Archiv Lauterwasser*
Seite 58: *Bodenseebuch 1927*

Kneippen im Bad Hotel
Seite 68: *Siegfried Lauterwasser*
Seite 70: *Bad Hotel Überlingen*
Seite 73: *Stadtarchiv Überlingen*

Der Kursaal
Seite 74: *Dietrich Müller-Hausser*
Seiten 76, 77, 78/79, 80: *Siegfried Lauterwasser*

»Sonst ist es ganz hübsch«
Seiten 82, 91: *Alexander Lauterwasser*
Seite 90: *Annette von Droste-Hülshoff Stiftung,*
Porträt von Johann J. Sprick
Seite 90: *Norbert Jacques, Kulturamt Meersburg*
Seite 92: *Wikipedia, Kalotypie von 1846*
Seite 94: *Archiv Lauterwasser/Überlingen*
Seite 96: *Wikipedia, Autor unbekannt*
Seite 97: *Deutsches Historisches Museum Berlin,*
Porträt von Heinrich Mann
Seite 99: *Wikipedia, Autor unbekannt*

DIE AUTOREN

Martin Baur | Geboren 1958 in Konstanz, lebt seit 1968 in Unteruhldingen und Überlingen. Studium der Geschichte, Germanistik, Kommunikations- und Theaterwissenschaft in München und Konstanz. Ab 1983 Mitarbeiter und seit 1986 Redakteur der Konstanzer Tageszeitung SÜDKURIER, 17 Jahre Leiter der Lokalredaktion Überlingen.

Wolfgang Braungardt | Geboren 1955, Dipl.-Ing., Architekt, lebt seit über 35 Jahren im Überlinger Kurviertel. Neben der beruflichen Tätigkeit auch aktiv als Autor und Kurator im Bereich regionale Kulturgeschichte und Kreativwirtschaft. Vorstandsmitglied in mehreren Kulturvereinen.

Michael Brunner | wurde 1965 in Konstanz geboren. Er studierte seit 1986 Kunstgeschichte, mittelalterliche Geschichte und Klassische Archäologie in Freiburg und Florenz. Nach beruflichen Stationen u.a. in Singen, Engen, Schaffhausen, Florenz, Venedig und München leitet Brunner seit 2003 die Abteilung Kultur und die musealen Einrichtungen der Stadt Überlingen. Seine Dissertation zur Debatte um Dante Alighieris *Göttliche Komödie* im 16. Jahrhundert wurde 1997 mit Wissenschaftspreisen der Universität Freiburg und des Zentralinstituts für Kunstgeschichte München ausgezeichnet. Brunner verfasst und ediert seit 1990 zahlreiche Ausstellungskataloge, Bücher und Essays zu vielfältigen Themen vom Mittelalter bis zur Gegenwart.

Jürgen Jankowiak | Geboren 1978 in Friedrichshafen. Nach dem Schulabschluss Studium mit dem Ziel Diplom-Betriebswirt, anschließend Zweitstudium an der Dualen Hochschule Baden-Württemberg (DHBW) in Ravensburg Fachrichtung Tourismus. Danach Leiter Tourist-Information Immenstaad, Geschäftsführer Oberschwaben Tourismus GmbH, Geschäftsführer Überlingen Marketing und Tourismus GmbH (seit 2012) sowie Geschäftsführer Stadtwerke Überlingen GmbH (seit 2016). Jürgen Jankowiak wohnt mit seiner Familie in Immenstaad.

Susanne Klingenstein | Geboren in Baden-Baden.Studium der Anglistik, Germanistik, Geschichte und Philosophie in Mannheim und Heidelberg, sowie an Universitäten in Schottland und Boston. Nach ihrer Promotion lehrte sie von 1993 – 2015 Literatur, Schreiben und Geschichte der Medizin am Massachusetts Institute of Technology und an der Harvard Medical School. Nach akademischen Publikationen in englischer Sprache veröffentlichte sie 2014 ihr erstes, viel beachtetes Buch in deutscher Sprache, *Mendele der Buchhändler. Leben und Werk des Sholem Yankev Abramovitsh.* Zwei Jahre später folgte *Wege mit Martin Walser. Zauber und Wirklichkeit eines Schriftstellers.* Seither sind weitere Titel erschienen, darunter auch 2021 *Es muss nicht jeder ein Gelehrter sein. Eine Kulturgeschichte der jiddischen Literatur, 1105 – 1597.* Susanne Klingenstein lebt als Literarturhistorikerin mit ihrer Familie in Boston.

Siegmund Kopitzki | Geboren 1951 in Lauenburg/Polen. Abitur in Singen/Hohentwiel. Nach dem Studium der Germanistik, Geschichte und Politik in Konstanz und an der University of Sussex (Brighton/GB) war er als Gymnasiallehrer tätig. Ab 1998 arbeitete er als Kulturredakteur beim Medienhaus SÜDKURIER in Konstanz. Seit 2017 ist er freiberuflich als Journalist und Publizist tätig. Sein besonderes Interesse gilt der Literatur und Kunst. Er hat mehrere Bücher herausgegeben, zuletzt gemeinsam mit seiner Frau Waltraut Liebl die Anthologie *Hegau literarisch. Ein Spaziergang durch die Jahrhunderte.* Siegmund Kopitzki lebt in Konstanz.

Walter Liehner | Geboren 1961 in Meßkirch, Dipl.-Archivar (FH), ist seit 1987 Stadtarchivar von Überlingen. Sein Fachgebiet ist die Überlinger Stadtgeschichte und historische Bildungs- und Öffentlichkeitsarbeit. Daneben ist er Autor regionalgeschichtlicher Publikationen sowie Referent zahlreicher Fachvorträge zu Überlingen und Umgebung. Für die 2024 erschienene Stadtchronik *1250 Jahre Überlingen. Eine Zeitreise vom Mittelalter bis zur Moderne* übernahm er die Redaktionsleitung, Koordination und Konzeption sowie Text- und Bildredaktion. Zugleich war er Autor mehrerer Beiträge, darunter zur Geschichte des Heilig-Geist-Spitals Überlingen und zu Überlingen im Großherzogtum Baden.

Ulrike Niederhofer | Geboren 1963 in Hamburg. Nach dem Abitur und einem Auslandsjahr in den USA studierte sie Kunstgeschichte, Geschichte und BWL an der Universität Freiburg und in Florenz. Sie schloss ihre Studien 1995 mit einer Promotion in Kunstgeschichte an der Universität Münster über das Thema »Expressionismusrezeption in der DDR« ab. Seit 1991 arbeitet sie als freiberufliche Journalistin und Kunsthistorikerin u.a. bei der Berliner Morgenpost und dem Tagesspiegel in Berlin sowie seit 2004 beim SÜDKURIER in Konstanz. Von 2008 – 2014 war sie Redakteurin des Jahrbuchs des Bodenseekreises *Leben am See*. Seit 2001 wirkt sie an zahlreichen Publikationen, Katalogen und Ausstellungen in der Region mit und arbeitet seit 1998 als Lehrerin für bildende Kunst an der Schule Schloss Salem. Ulrike Niederhofer lebt in Überlingen.

Wilhelm Schäfer | Geboren 1868 im hessischen Ottrau, gestorben 1952 in Überlingen. Wilhelm Schäfer schrieb Romane und Novellen, aber auch Kurzgeschichten und Anekdoten nach dem Vorbild von Heinrich von Kleist und Johann Peter Hebel. Mit der die »deutsche Volksseele« glorifizierenden Publikation Dreizehn Bücher der deutschen Seele (1922) wurde er zu einem der populärsten völkisch-nationalen Schriftsteller der Weimarer Republik und der Zeit des Nationalsozialismus. Seine Verstrickungen in das NS-System führten dazu, dass seine Bücher nach 1945 kaum noch gelesen wurden. Das Prosastück »Im Bad Hotel zu Überlingen« haben wir seinem Buch *Kleine Truhe* (Langen Müller, München 1941) entnommen.

DER BUCHGESTALTER

Reinhard Albers | Geboren 1954 im Südwestfälischen. Absolvent der Meisterschule für Typographie und Mediendesign Köln. Nach Stationen in Siegen, Bonn und Frankfurt gründete er 2003 in Konstanz das »Konzeptions- und Gestaltungsbüro für Printmedien«. Dort unterrichtete er an einer Gewerbeschule Mediendesign; hielt bundesweit Vorträge und Seminare, schrieb zahlreiche Fachartikel und veröffentlichte zwei Lernkarten-Sets für Studierende und Auszubildende in den grafischen Berufen. Heute widmet er sich der Konzeption und Gestaltung von Buchprojekten, darunter auch eigene literarische Arbeiten.

Klassische Eleganz und historisches Ambiente

DAS BAD HOTEL ÜBERLINGEN AM BODENSEE

Im Zentrum von Überlingen gelegen, empfängt das 4 Sterne Superior Bad Hotel seine Gäste in historischen Gemäuern. Das Ensemble des Hotels mit 76 komfortabel ausgestatteten Zimmern und Suiten besteht aus vier Teilen innerhalb einer weitläufigen Gartenanlage: das Haupthaus und das Warmbad, die Villa Seeburg mit eigener Liegewiese direkt am Bodensee und der Turm. Bilder der Geschichte verteilen sich über den kompletten Komplex. Das Interior-Design kombiniert warme Naturtöne mit kräftigen Farbakzenten, Holz und edlen Soffen. Authentischer kann ein Urlaub am Bodensee nicht sein.

Kulinarisch überrascht und überzeugt zugleich das Seerestaurant Rotunde mit einer stilvoll gestalteten Sonnenterrasse und phänomenalem Blick auf den See und den Park. Hier lassen klassische Regionalität, gepaart mit mediterranen Einflüssen, jedes Gourmetherz höher schlagen. Das vielfältige kulinarische Angebot steht nicht nur Übernachtungsgästen offen, jeder Feingeist kann hier in die Welt des Genusses eintauchen.

Bad Hotel Überlingen
Christophstraße 2
D-88662 Überlingen
www.bad-hotel-ueberlingen.de

BAD HOTEL
ÜBERLINGEN

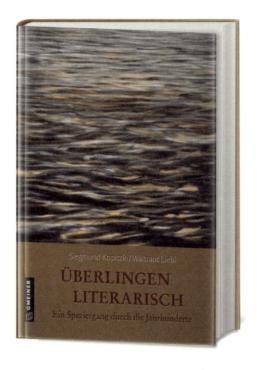

Siegmund Kopitzki /
Waltraut Liebl,
Überlingen literarisch.
Ein Spaziergang durch die
Jahrhunderte
384 Seiten, 17 x 24 cm, Hardcover
ISBN 978-3-8392-2607-0

EINE LITERARISCHE STADTFÜHRUNG Im 20. Jahrhundert war Überlingen das Zentrum der Literatur am Bodensee. In das Gästebuch der Stadt
trugen sich Schriftsteller wie Heinrich Mann und Max Frisch, der Verleger
Siegfried Unseld und Intellektuelle wie Theodor W. Adorno ein. Meist waren
es Zivilisationsflüchtige, Migranten und politisch Verfolgte, die die Stadt besuchten, darunter Alfred Döblin und Tami Oelfken. Viele verließen die Stadt
wieder, andere blieben, wie etwa Martin Walser.

In dieser Anthologie wird das literarische Überlingen erstmals umfassend
dokumentiert. Der Spaziergang durch die Stadt führt die Herausgeber dabei bis
in die Zeit des Minnesangs zurück.

Mit Zeichnungen der preisgekrönten Künstlerin Andrea Zaumseil.

WWW.GMEINER.STUDIO